AF253740

Emile CHEVALDIN

ACTUALITÉ.

POUR LA

DÉFENSE NATIONALE

DES

ÉTUDES PROPHYLACTIQUES

DE

Rudolph TURECKI

CHIMISTE-ÉCONOMISTE
MEMBRE DE LA SOCIÉTÉ DES SCIENCES INDUSTRIELLES, ARTS ET BELLES-LETTRES
AUTEUR DE LA DÉSINFECTION DURABLE
HONORÉ DE DEUX MÉDAILLES D'OR (1860 ET 1868)

Sauver la France en l'enrichissant !

Voulez-vous la Paix, l'Immunité de tout Impôt, l'Aisance, l'Hygiène, l'Instruction, partout répandues et assurant le bonheur de l'Humanité? — Ecoutez le résultat de quarante années d'études, et pratiquez.....

PARIS

IMPRIMERIE DE VICTOR GOUPY
RUE GARANCIÈRE, 5

Décembre 1870

Emile CHEVALDIN

ACTUALITÉ

POUR LA

DÉFENSE NATIONALE

DES

ÉTUDES PROPHYLACTIQUES

DE

Rudolph TURECKI

CHIMISTE-ÉCONOMISTE
MEMBRE DE LA SOCIÉTÉ DES SCIENCES INDUSTRIELLES, ARTS ET BELLES-LETTRES
AUTEUR DE LA DÉSINFECTION DURABLE
HONORÉ DE DEUX MÉDAILLES D'OR (1860 ET 1868)

Sauver la France en l'enrichissant !

Voulez-vous la Paix, l'Immunité de tout Impôt, l'Aisance, l'Hygiène, l'Instruction, partout répandues et assurant le bonheur de l'Humanité ? — Ecoutez le résultat de quarante années d'études, et pratiquez.....

PARIS

IMPRIMERIE DE VICTOR GOUPY

RUE GARANCIÈRE, 5

—

Décembre 1870

SOMMAIRE

PIÈCES JUSTIFICATIVES

APPENDICE

I

Pourquoi ce livre

Citoyens, vous qui voulez le bonheur de la France, le salut de la République, gardez-vous de fermer ce petit volume, avant d'en connaître l'importance.

Sans doute, dans la crise que nous achevons de traverser, le fer sied mieux que la plume à la main de l'homme. Mais, quand le citoyen a payé par le fer son tribut quotidien à la patrie, ne peut-il pas prendre la plume et combattre encore pour la cause sacrée ?

Le combat ne consiste pas seulement dans la lutte physique ; il a aussi pour objet toute combinaison de moyens propres à rendre la lutte victorieuse. C'est ainsi que combat le stratégiste ; c'est ainsi que le penseur peut et doit combattre.

Sans prétendre au titre de penseur, je veux, comme disciple d'un maître profond, de M. Rudolph Turecki, exposer nettement à la connaissance de tous, en vue surtout de compléter la défense nationale, le résultat vraiment prodigieux des études chimiques et économiques, auxquelles il s'est livré, pendant quarante années, dans le seul but d'être utile à l'humanité.

Trois motifs principaux me déterminent à publier cet ouvrage.

Le premier m'est fourni par les circonstances actuelles. Jamais, en effet, l'exécution des salutaires mesures d'organisation sociale, indiquées par la *Prophylactique*, n'a été plus urgente. On le verra spécialement dans le chapitre IV, qui traite de *la Guerre* et mérite, par son importance capitale, une attention toute particulière.

Le savant chimiste lui-même me suggère le second motif. C'est que ses *Études prophylactiques* qui, bien comprises, rendraient cet écrit à peu près inutile, ont aujourd'hui un triple inconvénient :

1° Les exemplaires n'en sont plus assez nombreux.

2° Le prix n'en est pas accessible à toutes les bourses ; car

« l'ouvrage dont nous parlons a coûté des sommes tellement
« considérables à son auteur, par la correction, la clarté, la juste
« concordance qu'il a voulu établir entre les diverses parties de
« son œuvre, qu'en portant à 20 francs le prix du livre, il est fort
« éloigné d'obtenir le moindre bénéfice (1). »

3° Destiné principalement aux gouvernants et aux savants, cet
ouvrage est trop compliqué pour que l'intelligence de la foule
ne s'égare pas dans ce merveilleux labyrinthe de conceptions
philanthropiques.

Cependant, comme deux ordonnances ministérielles en ont
fait placer un exemplaire dans les premières bibliothèques de
France et des Colonies, on me permettra d'y faire de nombreux
renvois.

Au commencement d'octobre, un précis de ce travail, indi-
quant les conclusions avantageuses que l'on en peut tirer pour
assurer le salut de la France, a été adressé au Gouvernement de
la défense nationale.

Quelques jours après, le Comité républicain du VIe arrondisse-
ment, comprenant l'urgence des mesures développées au chapitre IV de ce livre, et adoptées par un vote unánime dans une
séance publique, en l'amphithéâtre de l'Ecole-de-Médecine, en
soumettait pareillement au Gouvernement un exposé, où il insis-
tait sur leur mise en exécution immédiate.

Pourquoi ces deux démarches n'ont-elles pas abouti ? C'est
que, sans doute, les écrits sont restés dans la poussière des bu-
reaux, sans parvenir à la connaissance du Gouvernement.

On a perdu ainsi un temps précieux. Mais le peuple peut réparer cette funeste négligence, en attirant l'attention de ses gouvernants sur les ressources toutes-puissantes offertes par la
Prophylactique pour sauver tant d'intérêts compromis.

Le troisième motif qui me guide dans la publication de cet
ouvrage, c'est donc l'espoir que, parmi les milliers de lecteurs
à qui je le destine, il se trouvera un certain nombre d'hommes
intelligents et dévoués.

Intelligents, ils comprendront l'immense utilité de l'œuvre
prophylactique.

Dévoués, ils s'en feront les apôtres....

Que l'on y réfléchisse sérieusement : la Prophylactique, fruit
de quarante années d'études approfondies, doit être, en fait
d'économie sociale, *le dernier mot de la civilisation et du
progrès !*

(1) Extrait du journal belge *le Progrès*, 6e supplément, n° 29.

II

Ce que c'est que la Prophylactique

La Prophylactique, au point de vue médical, est une science qui a pour principal objet de *prévenir* l'action de tout ce qui peut nuire à la santé propre à chaque individu.

Au point de vue social économique, le seul dont nous avons à nous occuper ici, la Prophylactique est une science qui étend son influence *préservative* non-seulement sur les maladies physiques, mais encore sur les maladies intellectuelles et morales.

On le voit, le champ est vaste. Pour guider l'intelligence du lecteur, un exposé historique et scientifique est nécessaire.

Ce sera l'objet du chapitre suivant.

III

Exposé des Études prophylactiques
de M. Rudolph Turecki

C'est l'étude dé la médecine qui suggéra à l'auteur la première
idée de son œuvre immense.

Obligé de suivre les cours dans les amphithéâtres, dans les
salles d'hôpitaux, l'odeur, qui le gênait beaucoup, lui fit d'abord
songer à la composition d'un réactif propre à la dissiper. Plus
tard, le besoin de conserver jusqu'à des animaux entiers, pour
les disséquer, lui imposa la nécessité d'activer ses travaux pour
la désinfection. De là enfin, comme il le dit lui-même (1), lui
vint naturellement et forcément la pensée de débarrasser les
humains de l'abominable odeur et des graves inconvénients qui,
il y a trente ans surtout, accompagnaient l'opération nocturne
des vidanges.

Après avoir réussi scientifiquement, il vint à bout, à force de
persévérance, de rendre son invention applicable à l'industrie.

Il eut à ce sujet plusieurs entretiens avec la plupart des employés supérieurs des deux préfectures de police et de la Seine.
Une fois au courant de ses travaux de salubrité, tous furent
unanimes à les trouver non-seulement bons, mais de beaucoup
préférables à tous les autres systèmes proposés. M. Belgrand,
ingénieur-directeur des ponts-et-chaussées, le préfet de la Seine
lui-même, encouragèrent le savant chimiste et lui firent livrer
gratuitement des matières, etc., pour ses expériences.

Malheureusement, comme l'argent lui faisait défaut, l'inventeur dut accepter pour associé un bailleur de fonds qui devait

____

(1) Voir *Etudes prophylactiques*, p. 141.

avoir part égale dans les bénéfices : l'infortuné Rudolph fut abreuvé de déceptions indescriptibles.....

Cependant les résultats positifs qu'il obtint eurent un tel retentissement que, de toute part, même des pays étrangers, on venait constater les faits, soit dans son modeste laboratoire, soit à la Villette, où il avait un hangar. C'est ainsi qu'il reçut la visite de M. Delangle, alors ministre de l'intérieur. Dans le même temps, M. le docteur marquis du Planty, président de la Société des sciences industrielles, arts et belles-lettres, de Paris, fit admettre le savant dans cette société, et lui fit décerner une médaille d'or. Enfin l'admirable procédé de désinfection, après être parvenu à la connaissance des plus hauts personnages, monta jusqu'aux oreilles du chef de l'État.

L'Empereur accorda une audience à l'inventeur, parut s'intéresser au succès de son œuvre, lui prodigua les éloges et les encouragements ; en un mot, Sa Majesté n'oublia rien, sinon le seul point capable d'assurer la réussite, c'est-à-dire une avance de fonds.

En effet, grâce à la rouerie d'une foule d'industriels qui s'efforçaient d'exploiter l'invention au profit d'un lucre honteux, l'honnête chimiste, qui, lui, ne voulut jamais tromper le laboureur en lui livrant des produits inachevés, se vit bientôt réduit à ses seules ressources, à la misère, au sort de presque tous les auteurs de ces découvertes utiles dont, après les avoir méconnues, s'honore ensuite l'humanité !.....

Poursuivi, traqué comme une bête fauve, le courageux savant ne désespéra pas : il fit tant par ses démarches qu'il s'assura le soutien de la ville de Paris, à condition de lui abandonner son procédé.

De nouvelles expériences eurent donc lieu sur une vaste échelle. Conduites avec une infatigable activité, ces épreuves décisives furent heureuses. On constata de merveilleux résultats; l'utilité de l'invention fut reconnue publique; le succès, démontré infaillible.

Voici comment un journal de l'époque, *la Science contre le préjugé*, résume et apprécie, dans un article daté du 20 juin 1857, les travaux de l'éminent chimiste :

« Diriger toutes les forces de son intelligence vers un but, un
« but unique, la salubrité publique; se dire : Voici la cause des
« maladies qui viennent jeter si souvent l'épouvante et la per-
« turbation au sein de la société, en faisant le désespoir de la
« médecine, qui sent, si elle ne se l'avoue, son impuissance à

« les guérir ; prendre avec soi-même l'engagement de ne s'arrê-
« ter dans ses recherches qu'après la solution du problème, dût
« la misère, avec ses douleurs intimes, être la compagne trop
« fidèle du travailleur intellectuel ; puis enfin, après un travail
« de bénédictin, sur lequel aucune joie de famille n'est venue
« darder un rayon bienfaisant, pouvoir dire avec un juste or-
« gueil le mot d'Archimède : *Euréka ! J'ai trouvé !* Telle a été la
« vie du savant qui vient de faire la belle découverte de la *Désin-*
« *fection durable.*

« A quand son application ? Je ne sais ; mais certainement elle
« aura lieu, et l'humanité comptera un bienfaiteur de p'us.

« Examinons la question au point de vue des engrais, et
« prouvons que, si la salubrité a tout à gagner à la découverte
« de la Désinfection durable, l'agriculture n'en doit pas retirer
« de moins grands avantages.

« En France, le pays tempéré par excellence et où l'agricul-
« ture, par conséquent, a le plus de chances de donner de riches
« produits, ce qui manque et arrête son essor, c'est la facilité
« de se procurer des engrais.

« Deux moyens sont offerts à la culture : obtenir des Engrais
« d'une quantité de bestiaux en rapport avec le sol à cultiver ;
« acheter des Engrais fabriqués et contenant plus ou moins de
« principes fécondants.

« Obtenir des Engrais au moyen des bestiaux ! On sait que la
« petite culture ne peut élever assez de bestiaux ; et cependant,
« si elle veut du blé, elle doit faire des prés...... La démonstra-
« tion a suivi de près l'axiôme.

« Elle aura donc recours aux Engrais fabriqués.

. . . .

Or, « les excréments humains sont, de l'aveu des agriculteurs
« les plus distingués, l'engrais qui donne les meilleurs produits.
« Que sera-ce donc, lorsqu'on pourra les livrer à la terre,
« sans qu'un seul des principes qu'ils détiennent ne se soit
« échappé ?

« Ce jour est arrivé. La découverte de la Désinfection durable
« a résolu le problème.

« C'est une révolution complète, aussi bien en agriculture que
« dans la santé publique. »

(Charles LOGEAIS, médecin-vétérinaire.)

Tel est le jugement flatteur porté, il y a treize ans déjà, sur
notre grand chimiste, par un écrivain compétent. Il devait s'é-
couler encore sept années d'épreuves avant que ce jugement ne

fût, même en partie, confirmé. Enfin, la Préfecture de la Seine, par un arrêté en date du 14 juin 1864 (1), déclara seul admissible à l'avenir, pour l'opération des vidanges publiques, l'emploi du procédé de la Désinfection préventive et durable.

Ce témoignage manifeste de la supériorité de l'utile découverte était un grand pas de fait vers le succès de l'Œuvre Prophylactique. Mais, hélas ! ce n'était que le premier, et l'on s'arrêta.....

« J'ai de l'argent, de quoi paver tout Paris, » dit en propres termes M. Haussmann au chimiste ; « mais je n'en ai point pour « les inventeurs ! » Et pourtant il trouvait admirables et approuvait les combinaisons du savant.

Le *Journal officiel* du 3 septembre 1869 publiait même cet extrait d'un rapport lu à la *Société des sciences industrielles* par M. le docteur marquis du Planty :

« M. Rudolph Turecki, chimiste du plus grand mérite, est au- « teur d'un procédé de désinfection rapide et durable de toutes « les matières, mais principalement des matières excrémenti- « tielles, désinfectées et transformées, sans odeur, en un engrais « d'une richesse deux fois plus grande que le guano, d'un prix « de revient moitié moindre que la poudrette ; sa durée est beau- « coup plus considérable que ces deux engrais. — Il a, en outre, « l'avantage immense et indispensable, selon nous, d'être va- « riable dans sa fabrication, selon les besoins et la nature des « terres où il devra être employé. »

Pourquoi ces approbations infructueuses, ces vains encouragements, ces publications inutiles ? Ne valait-il pas mieux activer un résultat positif ? Singulière inconséquence, couvrant peut-être un profond calcul que je laisse à l'histoire le soin de dévoiler !

Un jour viendra, en effet, où la lumière se fera autour de ces questions : le sort de l'humanité ne sera pas toujours agité dans les ténèbres et sacrifié à l'égoïsme.

La République, car elle seule a le génie du bien populaire, prendra chaleureusement en main et fera triompher tôt ou tard la noble cause dont notre courageux économiste poursuit depuis quarante ans le succès. Tant de travaux ont, du reste, aplani considérablement la voie. Il ne reste qu'à choisir entre deux plans également sûrs ; l'un, développé au chapitre suivant, est plus en harmonie avec notre situation critique ; l'autre, tracé

(1) Voir cet arrêté à la fin du volume.

pour des temps plus calmes, est moins expéditif, mais non moins digne d'attention. Le voici (1) :

« Une société, liée par un cahier de charges vis-à-vis de la
« ville de Paris, se chargerait de la vidange des immeubles de
« tous les adhérents ; elle opérerait la désinfection, fabriquerait
« les Engrais, et trouverait, dans les bénéfices de cette dernière
« branche de son industrie, les ressources suffisantes pour
« amortir son capital en douze ans et opérer ensuite sur des
« bases favorables tout à la fois aux citadins et aux agriculteurs.
« Chaque propriétaire déposerait à la préfecture, pour douze
« ans, sous la garantie de conditions stipulées par l'autorité
« municipale, une somme proportionnelle au travail de vidange
« opéré annuellement dans son immeuble : soit, par exemple,
« 100 fr. par mètre cube. Avec ce dépôt d'argent, laissé tempo-
« rairement à la disposition de l'Administration Prophylactique,
« on construirait des hangars avec des planches superposées,
« couvrant le terrain nécessaire pour contenir toutes les ma-
« tières excrémentielles, à l'abri des eaux pluviales, afin d'éviter
« l'augmentation des liquides, dont la quantité est déjà trop
« grande. On organiserait le matériel complétement à neuf pour
« qu'il ne produisit aucune répulsion, et pour que le repos des
« habitants ne fût plus troublé, comme cela a lieu actuellement;
« avec une portion de l'argent déposé, on se procurerait en
« même temps les réactifs nécessaires pour les premières dé-
« sinfections et confections d'engrais, et pour le salaire du per-
« sonnel de la première année. C'est donc pour l'intérêt que
« l'on videra les fosses ; l'Administration Prophylactique pourra
« le faire en s'installant avec de l'argent, sans payer les intérêts
« pendant douze ans. Au bout de ce temps, l'Administration
« Prophylactique pourra rembourser au propriétaire le capital
« intégral, indépendamment de la vidange des fosses et de la
« désinfection permanente. Ce capital (étant donné ce que le
« propriétaire aurait eu à payer pour la vidange et les contra-
« ventions) équivaut à la même somme augmentée d'une prime
« de 45 p. 100.

« Plusieurs propriétaires m'ont affirmé qu'ils sont prêts à dé-
« poser l'argent à cette condition pour douze ans. (En cas de
« vente d'une propriété, le titre de dépôt d'argent passera du
« vendeur à l'acquéreur, contre remboursement). L'argent
« déposé dans ces conditions équivaudrait, pour le propriétaire,

(1) Voir *Etudes prophylactiques*, pages 13, 14, 15, 16 *passim*.

« à un placement à plus de 16 p. 100, en tenant compte des
« dépenses évitées.

« Cet ordre de choses délivrerait le propriétaire des contra-
« ventions, et ferait cesser l'antagonisme qui existe entre lui et
« l'Administration municipale, agissant désormais sous sa propre
« responsabilité dans un intérêt public.

« La Société, après s'être libérée des avances faites par les
« propriétaires, opérerait la vidange suivant un tarif qui ne
« pourrait excéder 5 francs par mètre cube, avec la désinfection
« permanente.

« De son côté, la direction de la vidange verserait annuelle-
« ment 500,000 francs nets à la Ville de Paris, pour subvenir à
« ces multiples dépenses, et de plus, elle prendrait à sa charge
« l'entretien des urinoirs et des latrines publiques, ce qui équi-
« vaudrait à plus de 1,200,000 francs nets par an. De cette sorte,
« la voie publique et les habitations seraient maintenues dans
« un état parfait d'hygiène, et le public ne serait plus empoi-
« sonné par des odeurs infectes, de quelque nature qu'elles
« fussent.

« Cette organisation que je propose me paraît assez impor-
« tante pour qu'au besoin la législation soit modifiée dans ce
« sens; car il s'agit ici d'assurer la salubrité générale et de faire
« disparaître à jamais les causes des misères morales et maté-
« rielles, comme aussi de conjurer les invasions périodiques
« des épidémies, telles que le typhus, la variole, la peste, le
« choléra-morbus et les fièvres qui, sous mille formes, atta-
« quent les populations du globe.

« Quant aux autres villes de France, les conditions seraient
« réglées en proportion des difficultés des localités.

« Ainsi la direction de la vidange ne se soutiendrait absolu-
« ment que par les bénéfices des engrais, intelligemment et
« loyalement confectionnés, et en les donnant à bon marché
« aux cultivateurs.

. . . .

« Pour en revenir à l'engrais des villes, la fabrication en
« étant consciencieusement conduite et facilitée par le Gouver-
« nement, cet engrais réactif peut être livré à raison de 25 *francs*
« *les* 100 *kilos* ; 11 francs, au minimum, de moins que le guano;
« cet engrais est d'une richesse incomparable en sels fertili-
« sants, par la quantité de réactifs qui entrent dans la forma-
« tion de l'Engrais français; la quantité à employer est de
« 500 kilos par hectare (50 grammes par mètre carré). »

« *L'Engrais-Français , tout confectionné sur une grande*
« *échelle, ne coûtera (à l'Administration prophylactique) que*
« *10 francs par 100 kilos ; c'est donc 15 francs de bénéfice par*
« *100 kilos ; et, comme il en faut 500 kilos par hectare, cela*
« *donne un bénéfice de 75 francs par hectare.*

« *120 millions d'hectares, au moins, peuvent être cultivés tant*
« *en France que dans les possessions françaises ; or, en multi-*
« *pliant les 120 millions par 75 francs, cela donne un* REVENU
« ANNUEL NET DE 9 MILLIARDS ; *et le laboureur gagnera, en petite*
« *moyenne, dès le début, sur tous les engrais possibles, 60 fr.*
« *par hectare ; en outre, il sera degrevé de tout impôt territorial*
« *et personnel, que j'évalue à 45 francs. 45 et 60 font, par hec-*
« *tare et par an, 105 francs d'économie ; et, de plus, les récoltes*
« *sont décuplées.* »

On vient d'avoir un aperçu général des immenses avantages
que présente, de prime-abord, l'emploi de l'Engrais-Français,
composé par le procédé de la désinfection durable, et utilisé
suivant les combinaisons de l'inventeur. Entrons maintenant
dans les détails, et voyons les ressources que l'on peut tirer de
ce revenu annuel de 9 milliards (7 milliards 200 millions de plus
environ que le revenu actuel de la France et des Colonies) pour
les divers besoins de l'ordre social.

Nous commencerons par traiter de la guerre, qui aujourd'hui,
hélas ! n'absorbe que trop notre attention.

IV

Comment on peut terminer victorieusement la guerre actuelle (1) et en finir avec toutes les guerres

Inutile de faire un exposé de notre situation présente. On sait qu'elle se résume ainsi : la patrie est en danger !

En 1792, la Convention poussa le même cri d'alarme, et bientôt Danton assura le salut de la République, en mettant la France entière en mouvement par ces mots énergiques : « De l'audace ! de l'audace ! encore de l'audace ! »

Aujourd'hui, les choses ont changé. Pour arriver au même but, à la délivrance de la patrie, nous devons avoir, a-t-on dit,

(1) *Note indispensable.* — Pendant la composition de cet opuscule, et surtout pendant l'impression, les événements ont marché. Il suit de là que plusieurs mesures, demandées dans ce chapitre, ont déjà été appliquées en partie, tout en restant encore à compléter ; d'autres sont devenues, par suite du changement des affaires, soit inutiles, soit susceptibles de graves modifications : il en est de même pour certains passages épars dans les pages que l'on va lire. Les retoucher, les adapter aux circonstances, amènerait la perte d'un temps précieux, et la publication de ce livre ne saurait être retardée davantage. Que l'on me pardonne donc ce que l'avenir, impossible à prévoir, aura privé d'à-propos. Le bon sens indiquera facilement les modifications de détail nécessitées par la marche des événements : quant au fond même de l'ouvrage, tant qu'il n'aura pas été mis en pratique, il demeurera toujours d'actualité. Les mesures proposées ici ont d'ailleurs cet avantage sur lequel je ne saurais trop attirer l'attention : c'est que, loin de rien détruire de ce qui a été fait jusqu'à présent pour le salut de la France, elles ont pour but spécial de le confirmer, de le compléter, et non-seulement de nous assurer le triomphe, mais encore de réparer, dans la limite du possible, tous les désastres de cette malheureuse guerre.

plus encore que de l'audace : des canons, des canons, toujours des canons !

Il nous faut donc de l'artillerie ; avec de l'artillerie, des hommes ; et, pour avoir des hommes et de l'artillerie, de l'argent !

De l'argent ! tel est, en effet, notre premier besoin ; et le premier point dont il s'agit, c'est le moyen le plus avantageux de s'en procurer.

En vain objectera-t-on que le Gouvernement de la Défense nationale trouvera toujours bien dans nos finances, dans l'emprunt 1870, dans les souscriptions patriotiques, en un mot, dans la générosité individuelle, toutes les ressources qui lui sont nécessaires.

Cela est vrai jusqu'à un certain point ; mais cette marche ordinaire des affaires n'en est pas moins désastreuse dans ses conséquences : pour sauver le pays, elle l'épuise...

Eh bien ! il y a un moyen de *sauver la France en l'enrichissant !*

Ce moyen n'est pas de ceux qu'un enthousiasme éphémère inspire à des cerveaux exaltés. Il est le fruit mûri de près d'un demi-siècle d'études chimiques et économiques. La longue durée de ces travaux, leur but éminemment philanthropique et *désintéressé*, les deux médailles d'or qui en ont déjà été la récompense, leur résultat enfin qui peut assurer le triomphe de l'agriculture et la prospérité générale, tels sont les titres qui en recommandent l'exécution à la considération du peuple et du Gouvernement français.

En voici du reste l'exposé :

On a vu qu'une Société nationale de l'Engrais-Français, organisée et dirigée par le savant chimiste Turecki, pourrait, par ses seuls bénéfices, verser annuellement dans les caisses de l'Etat un revenu d'environ 9 milliards. Avec une telle somme, avec 7 milliards même, rien ne serait impossible : pourquoi ne se procurerait-on pas sept milliards ?

— Mais, dira-t-on, c'est beaucoup trop ! jamais on ne pourra réaliser tant de fonds ; et, lors même qu'on y parviendrait, une fois ces ressources utilisées, comment remédier à l'épuisement de la France ?

Voilà, si je ne me trompe, les trois principales objections que l'on peut faire ; voici trois réponses qui les détruisent :

1° Puisqu'il faut une armée invincible, cette armée ne sera pas de moins d'un million d'hommes ; et, pour un million d'hommes, il faut bien compter, aujourd'hui, mille batteries d'artillerie.

Or, calculons largement, tant à cause des omissions que nous pourrions faire, qu'en considération des éventualités impossibles à prévoir.

Ce million d'hommes, qui serait une armée de marche composée de volontaires, et entièrement distincte des troupes sédentaires destinées à la garde des places, comprendrait environ 500,000 fantassins, 220,000 artilleurs, 200,000 cavaliers, et 80,000 hommes qui seraient employés aux divers services militaires. Ces divers services et celui de l'artillerie ne demanderaient pas moins de 400,000 chevaux.

Avant d'entrer dans aucun détail de comptes, quelques réflexions sur la solde me semblent nécessaires. Il est évident pour tous que, dans les circonstances malheureuses où nous sommes, une solde ordinaire serait insuffisante pour des volontaires. Pères ou fils de famille, les défenseurs de la patrie laissent au foyer domestique des enfants ou des parents que la guerre a mis pour la plupart dans le besoin, et qu'il faut à tout prix secourir. Le Gouvernement de la Défense nationale a décrété que la France se chargerait de ces familles : nous entrons pleinement dans ces vues ; mais, ne pouvant évaluer la somme représentée par ces secours, nous la comprendrons dans la solde du volontaire.

Ainsi, chaque fantassin aurait droit à 3 francs par jour, tant pour sa nourriture que pour subvenir aux besoins de sa famille. Le cavalier, l'artilleur et le soldat employé aux services militaires toucheraient 1 franc en plus, à cause du surcroît de fatigues qu'ils ont à supporter.

Ce n'est pas tout : nous devons songer aussi à l'état des choses après la guerre. On me dispensera d'énumérer les ravages de ce fléau. Mais enfin, une fois de retour en ses foyers, qu'y trouvera le laboureur ? la ruine et la désolation..... L'ouvrier ? la misère..... Et pourtant ils auront défendu, sauvé leur pays ! L'honneur suffirait-il alors à la récompense de leur patriotisme ? — Non !... La patrie, qui tiendra d'eux son salut, devra à son tour leur donner des moyens d'existence. Or, comment le ferait-elle, après avoir contracté déjà tant de dettes envers d'héroïques cités, si la guerre absorbe toutes ses ressources ? Il faut donc pourvoir d'avance à ces besoins futurs ; et la justice demande que l'on réserve à chaque combattant une somme de 2,000 fr., payable après la campagne, ou qu'en cas de mort cette somme soit versée à qui l'ayant droit l'aura destinée avant son départ.

De la sorte, tranquillisé sur le sort de sa famille, et certain de pouvoir, à son retour, rétablir ses affaires, le soldat partira content, sera tout entier à son devoir, en un mot, n'aura plus qu'une pensée, qui le rendra invincible : celle d'assurer au plus tôt le triomphe de sa patrie....

Revenons à nos calculs, et supposons, pour éviter tout mécompte, que la guerre doive durer un an. Les frais s'élèveraient donc au montant des sommes détaillées ci-dessous :

1,000 batteries, de chacune 6 pièces en moyenne, servies par 220,000 hommes, y compris le matériel et les munitions, à raison de 1,000 coups par bouche à feu . . .	600,000,000 fr.
200,000 cavaliers de toutes armes, à raison de 1,500 francs par homme, y compris l'armement, l'équipement et les munitions. . . .	320,000,000 fr.
500,000 fantassins, à raison de 800 francs par homme, y compris l'armement, l'équipement et les munitions.	400,000,000 fr.
80,000 hommes pour toutes sortes de services militaires, à raison de 2,000 francs par homme, y compris l'équipement et les différents matériels	160,000,000 fr.
Solde de l'artillerie, de la cavalerie et des services militaires, à raison de 4 francs par jour, y compris la nourriture et les secours de famille, soit, pour 500,000 hommes, pendant 1 an.	730,000,000 fr.
Solde de l'infanterie, à raison de 3 francs par jour, y compris la nourriture et les secours de famille, soit pour 500,000 hommes, pendant 1 an	547,500,000 fr.
Nourriture de 400,000 chevaux, à raison de 3 francs par jour en moyenne, pendant 1 an.	338,000,000 fr.
Faux-frais, dépenses imprévues.	104,500,000 fr.
Allocation, à chaque volontaire, d'une somme de 2,000 francs payable après la campagne.	2,000,000,000 fr.
Total. . .	5,200,000,000 fr.

Nous arrivons déjà, en chiffres ronds, à plus de 5 milliards. On serait tenté peut-être de retrancher le reste ; mais il faut le laisser au Gouvernement pour allouer aux blessés des pensions proportionnées à la gravité de leurs blessures ; pour récompenser les actes distingués de bravoure et les services signalés ; enfin, et surtout, pour subvenir aux dépenses nécessitées par l'installation de la Société nationale de l'Engrais français.

Ces dépenses, qui passeraient un milliard et demi, ne sauraient être trouvées excessives ; car, non-seulement elles garantissent le succès de la guerre actuelle, mais elles sont encore destinées à décupler désormais la richesse de la France, indépendamment des autres avantages, vraiment inouïs, dont elles sont le principe positif, comme on le verra dans les chapitres suivants.

Pour liquider avantageusement notre situation actuelle, 7 milliards ne seraient donc pas une somme trop forte.

2° Il est hors de doute qu'un emprunt régulier ne suffirait pas à la réalisation de fonds si considérables. Aussi faudrait-il avoir recours, *en outre*, à d'autres moyens.

Avant de les démontrer, qu'on me permette d'attirer un instant les regards sur deux points célèbres de l'histoire : la ruine de Carthage, l'asservissement de la Pologne. Qu'y voyons-nous ? des prodiges de dévouement. L'argent manque ? il n'est pas jusqu'aux bijoux les plus chers qui ne soient religieusement offerts sur l'autel de la patrie. Les Polonaises détachent leurs alliances et leurs boucles d'oreilles ; les Carthaginoises vont jusqu'à couper leur chevelure !.... Certes, nous n'en sommes pas réduits à ce point de détresse ; mais enfin, si, malgré tant d'abnégation et d'héroïsme, deux grands peuples ont succombé, la France peut-elle se flatter d'échapper à la ruine sans faire de sacrifices ?

Pourquoi d'ailleurs, à l'approche d'un pillage imminent peut-être, laisser reposer inutiles dans nos coffres, sur nos étagères, devant nos boutiques, tant de riches matières, tant de ressources puissantes ? Ne pourrait-on pas avoir recours aux classes aisées, et surtout aux industriels dont le commerce a pour base les diamants, les pierres et les métaux précieux ?

Ainsi on ferait d'abord un patriotique appel à la bonne volonté. Si l'insinuation était inefficace, on mettrait énergiquement en réquisition tous ces objets de prix qui, aujourd'hui aliments d'un luxe intempestif, peuvent être demain ou la proie de nos envahisseurs, ou le gage de notre triomphe.

Que ce mot de réquisition n'effraie donc point. Dès lors qu'il s'agit pour tous d'être Français ou Prussiens, qui oserait reculer devant un sacrifice ? Aux grands maux n'applique-t-on pas les grands remèdes ? Mais que l'on se rassure ; celui-ci, après tout, n'a rien de bien violent. Il concilie l'intérêt avec le patriotisme ; et la République, en l'employant, pourra dire aux citoyens : « Voulez-vous que vos trésors tombent en la possession de l'étranger? ou préférez-vous, en vue du salut de la France, les confier pour un temps au Gouvernement de la Défense nationale, qui vous les rendra certainement, et non-seulement intacts, mais encore avec les intérêts de leur valeur courus pendant la durée du dépôt ? »

Voici comment ces paroles seraient confirmées :

Toute réquisition d'objet précieux serait accompagnée de la remise d'un récépissé constatant le prix de l'objet ; ce récépissé donnerait droit d'abord à la réception des intérêts chaque année, puis au recouvrement intégral de l'objet ; enfin, ce recouvrement aurait lieu au fur et à mesure que les billets émis par la Banque seraient rentrés et anéantis.

En effet, grâce à ces objets de prix, représentant une valeur énorme, et qui seraient conservés tels quels comme une garantie nécessaire, la Banque émettrait en billets une somme égale à la différence existant entre 7 milliards et le montant des capitaux réalisés d'autres parts.

Nous avons déjà parlé d'un nouvel emprunt régulier : une troisième ressource m'est inspirée par un sentiment de justice.

Si quelqu'un, en effet, doit souffrir du triste état de choses que nous a légué le régime déchu, ce doivent être avant tout les hommes funestes qui, pendant vingt ans, ont manifestement abusé de leur pouvoir pour s'engraisser des sueurs et du sang de notre malheureux peuple. Pourquoi donc ne pas confisquer radicalement les biens de tous ces vampires ? Ce ne serait, après tout, que la plus légitime restitution.

On pourrait de même déclarer propriétés nationales, et vendre comme telles, tous les immeubles (sis en France) des Prussiens qui, à l'exemple du major Schickler, propriétaire à la place Vendôme, reconnaissent de longues années d'hospitalité française par des engagements de service dans les armées prussiennes.

Peut-être arriverait-on, avec la réflexion, à trouver d'autres ressources encore. Mais, on ne saurait le nier, les trois moyens que l'on vient de voir peuvent suffire largement à toutes les exigences de notre situation.

3° J'ai dit, et je le répète, que l'on peut trouver 7 milliards et les rembourser non-seulement sans épuiser la France, mais même en l'enrichissant. Le moyen d'opérer ce prodige, c'est, on le devine, l'emploi de l'Engrais-Français.

Nous avons vu que la vente de cet Engrais, confectionné et répandu sur une vaste échelle, rapporterait à l'Etat un revenu net d'environ 9 milliards. Pour être exact, il faut compter trois années d'installation et de fabrication préalable, pendant lesquelles la Société nationale ne pourrait que payer les intérêts des sommes et des valeurs empruntées. Mais, dès la quatrième année, elle commencerait à rembourser les capitaux ; et, en moins de dix ans, tout serait liquidé.

Que l'on songe que Paris, à lui seul, produirait dès lors 600 millions nets de bénéfices annuels ; soit, pour ces dix premières années *4 milliards 200 millions* (1) !

Avec un tel état de choses, loin d'augmenter les impôts, on pourrait donc les diminuer peu à peu, et les abolir définitivement aussitôt que la dette nationale serait effacée.

Les produits de l'agriculture seraient décuplés ; et les pertes occasionnées par la guerre en grande parties réparées.

Enfin l'on verra, dans les chapitres suivants, les multiples avantages garantis par l'adoption des combinaisons Prophylactiques, lesquelles reposent toutes sur les bénéfices de l'Engrais français.

Que faudrait-il donc pour la réalisation de ce sublime idéal, qui ferait la gloire de notre République ? — Rompre hardiment avec la routine, et mettre en vigueur le décret suivant, dont la teneur peut être modifiée, mais dont le fond, proposé par le savant économiste Turecki, est le gage le plus sûr de la délivrance et du bonheur de notre pays.

DÉCRET.

Au nom du peuple français,
Le gouvernement de la Défense nationale,
Considérant :

1° Que la patrie, étant en danger, ne peut être sauvée que par l'organisation immédiate d'une armée invincible ;

2° Que cette armée ne sera invincible qu'à l'aide d'un matériel d'artillerie formidable ;

3° Que les terribles épreuves subies par les populations mettent les défenseurs de la patrie dans la nécessité d'être généreu-

(1) Voir, à la fin du volume, Tableau synoptique et Devis.

sement secourus, eux et leurs familles, *pendant et après la guerre;*

4° Que l'augmentation des impôts, les impôts même, *ont été et seront toujours un sérieux obstacle pour un gouvernement,* surtout essentiellement républicain, non moins que pour le bonheur du peuple ;

5° Que, les finances étant le nerf de la guerre, le citoyen Rudolph Turecki, — chimiste-économiste ; membre de la Société des sciences industrielles ; honoré de deux médailles d'or (1860 et 1868); auteur de la désinfection durable, procédé exclusivement employé par la ville de Paris de par un arrêté préfectoral du 14 juin 1864, — se charge, après en avoir démontré mathématiquement la possibilité, de procurer à l'État un revenu annuel de 9 milliards environ, par les seuls bénéfices réalisés sur la vente d'un Engrais, dit français, confectionné par le procédé de la désinfection préventive et durable, et supérieur au meilleur guano ; vente qui, exercée par toute la France et les colonies, à raison de 25 francs moins cher par hectare que tous les engrais possibles, produira, après un court intervalle d'installation suivi d'un développement rapide, un bénéfice net de 75 fr. par hectare : soit, pour les 120 millions d'hectares cultivables de la France et des colonies, 9 milliards environ (7 milliards 200 millions de plus que la moyenne de notre revenu actuel) ;

Décrète :

Art. 1er. — Un emprunt national de 7 milliards est ouvert.

Art. 2. — L'emprunt national sera couvert :

1° Par un emprunt régulier de.....

2° Par la confiscation des biens et domaines sis en France : 1° de tous les fonctionnaires publics qui, pendant les vingt dernières années, se sont enrichis *illégalement* aux dépens du peuple français ; 2° de tous les citoyens prussiens qui, après avoir joui d'une longue hospitalité sur le territoire français, ont pris les armes contre la République ;

3° Par la mise en réquisition de tous les diamants, pierres précieuses, matières d'or et d'argent, objets d'art et de luxe (publics ou privés) rendus inutiles par la situation présente, et en général de tous les métaux propres à la fabrication des engins de guerre.

Art. 3. — Les objets précieux mis en réquisition seront conservés intacts, comme garantie des billets que la Banque émettra sur leur valeur. Ils donneront droit à une rente, et seront intégralement restitués au fur et à mesure que les billets émis seront rentrés à la Banque et anéantis.

De même, les métaux qui serviront à la fabrication des engins de guerre, donneront droit à une rente, jusqu'au remboursement de leur valeur.

Art. 4. — L'emprunt national sera totalement remboursé en dix ans.

Art. 5. — Les 7 milliards de l'emprunt national seront employés :

1° A la levée d'un million de volontaires (armée de marche) ;

2° A la création de 1,000 batteries d'artillerie comprenant environ 6,000 bouches à feu ;

3° A l'équipement des hommes, l'achat et le harnachement des chevaux, les divers matériels, les munitions, etc., etc.

4° A la solde, à raison de 3 francs par jour pour chaque fantassin et de 4 francs pour chaque cavalier, artilleur ou homme de service, tant pour sa nourriture que pour les besoins de sa famille ;

5° A l'allocation, pour chaque volontaire indistinctement, d'une somme de 2,000 francs, payable après la campagne, afin de lui alléger le poids des dommages causés par la guerre (en cas de mort, cette somme sera versée à qui l'ayant droit l'aura destinée avant son départ);

6° A l'allocation, pour chaque blessé, d'une pension proportionnée à la gravité de sa blessure ;

7° A l'avance des fonds nécessaires pour l'organisation et l'installation d'une *Société nationale*, dite de l'Engrais français, sous la direction du citoyen Rudolph Turecki, lequel devra surveiller la confection et la vente des produits selon les conditions ci-dessus énoncées.

Art. 6. — Dès que les circonstances le permettront, les impôts seront peu à peu diminués; et, aussitôt que la dette nationale sera liquidée, ils seront tous définitivement abolis.

Art. 7. — A dater de la promulgation du présent décret, tous les immondices disponibles (de Paris et de la banlieue) seront abandonnés aux travaux de la *Société nationale de l'Engrais français*.

Art. 8. — Les ministres des finances, de la guerre, de l'agriculture, du commerce et des travaux publics, sont chargés, chacun en ce qui le concerne, de l'exécution du présent décret.

. . . .

Je n'insiste pas davantage : ce décret résume tout, et il n'est pas probable qu'il rencontre d'opposition sérieuse, s'il est bien compris.

Passons immédiatement aux conséquences, et voyons, pour compléter ce chapitre, si l'on ne pourrait pas réellement en finir du même coup avec toutes les guerres.

On comprend facilement quels prodiges pourrait accomplir une armée d'un million d'hommes, *marchant toujours en avant*, sans autre souci que de repousser un barbare envahisseur et de faire triompher partout le drapeau de la liberté....

Après la victoire, ces hommes, de retour en leurs foyers affranchis et relevés, où ils goûteraient les fruits de leur dévoûment, seraient toujours prêts, au premier signal, à voler au secours de la patrie, *si généreusement reconnaissante.*

Au premier cri d'alarme, les imposants matériels de campagne, qui auraient servi à la dernière guerre, sortiraient de nos arsenaux, où ils auraient été précieusement conservés.

Ainsi, en quelques jours, d'un bout de la France à l'autre se réuniraient, sur le point menacé, un million de vieux soldats, soutenus de mille batteries d'artillerie. Ces troupes, levées et organisées dans les mêmes conditions que l'on a vues précédemment, marcheraient de nouveau au combat avec la même confiance, la même sécurité, la même ardeur : elles seraient invincibles.

Et que l'on ne croie pas qu'un déploiement de forces aussi formidables soit la limite du possible. Grâce à l'immensité de ses ressources, l'Administration Prophylactique pourrait, au besoin, augmenter rapidement la puissance de nos armées dans des proportions considérables et avec les mêmes avantages.

Quel peuple, quelle ligue de peuples même, serait alors assez téméraire pour oser s'attaquer à la France?...

D'ailleurs, on peut hardiment l'affirmer, notre rôle, tout pacifique, ne susciterait point d'ombrage. Retranchés derrière une ligne de frontières inviolable, les citoyens s'adonneraient exclusivement aux arts de la paix. Les chapitres suivants montreront de quel bonheur, inconnu jusqu'ici, le pays pourrait jouir : l'ambition n'ayant plus de raison d'être, il n'y aurait donc plus de guerres extérieures.

En outre, comme « tous les objets de première nécessité, « étant dégrevés, deviendraient de circulation libre, de cette « manière aussi, toutes choses seraient conciliées entre le « peuple et le gouvernement, et désormais les guerres civiles « seraient anéanties pour toujours (1). »

(1) Voir *Etudes prophylactiques*, p. 36.

L'Empire a méconnu ces avantages : il en était indigne, sans doute.

Mais, si le sort semble avoir réservé à la République l'honneur de régénérer le monde, que la République de 1870 ne craigne pas de rompre ouvertement avec les vieux errements des monarchies. Au nom de la France, qui lui a confié ses destinées, qu'elle ne refuse donc point, en négligeant l'occasion de tourner nos malheurs à notre avantage, la gloire de refouler du territoire français les hordes envahissantes d'un tyran ! la gloire de rayer de son dictionnaire pratique tous ces mots entachés de despotisme : impôts, douanes, octrois, contributions directes et indirectes, etc., (on n'en veut plus, qu'il n'y en ait plus !) ; la gloire enfin de terminer toutes les guerres par une campagne sans cesse victorieuse, et de donner, triomphante, une main fraternelle à tous les peuples, rendus par son exemple, sinon par ses armes, à la Liberté !...

V

Plus d'impôts : Immunité générale

Après tout ce que l'on a vu précédemment, ce chapitre n'aurait pas de raison d'être, s'il n'entrait dans mon plan général de faire ressortir séparément les principaux avantages offerts par l'œuvre prophylactique. Qu'importe après tout que je me répète ? Ce n'est pas de l'élégance qu'il faut ici : c'est de l'ordre et de la clarté.

Revenant donc sur mes pas, j'affirme de nouveau que l'exécution du décret proposé plus haut serait, pour nos finances et pour le peuple, le commencement d'une ère nouvelle, toute de prospérité.

La France pourrait compter sûrement, après un court intervalle, sur un revenu régulier supérieur de plus de 7 milliards à son revenu actuel. L'emprunt national comblerait cet intervalle, et parerait aux frais de la guerre.

Les impôts, loin d'être augmentés, pourraient donc être bientôt sensiblement diminués ; et, quand enfin l'emprunt national serait remboursé et notre dette amortie, tout ce qui est du domaine des impôts : contributions directes et indirectes, quotes mobilières et personnelles, douanes, octrois, timbres, etc., tout serait de plein droit aboli.

Tout au plus pourrait-on, par exception, maintenir, en vue d'un surcroît de bien-être pour les populations moins aisées, de légères impositions sur certains objets de luxe ou de pure fantaisie. Encore est-ce un point dont il faudrait laisser la décision autant à l'opinion publique qu'à la sagesse du Gouvernement.

Donc, plus d'impôts ! Immunité générale !

VI

Plus de paupérisme : Aisance

Il faudrait non pas un chapitre, mais un volume entier, pour
exposer en détail les multiples avantages que présente l'œuvre
prophylactique au point de vue de la prospérité générale et particulière. Les circonstances commandent la brièveté : je serai
donc bref, et je me contenterai, pour ne laisser aucun doute à
ceux qui ne me comprendraient pas facilement, de renvoyer aux
pages des *Études prophylactiques*, où j'aurai puisé mes assertions.

On tient déjà la preuve que le cultivateur, employant un Engrais supérieur et peu coûteux, réaliserait par an et par hectare
un bénéfice de 105 francs, indépendamment de l'augmentation,
au décuple, de ses récoltes.

De plus, quand l'Administration Prophylactique, parfaitement organisée, aurait entièrement liquidé sa dette, elle réduirait le prix des Engrais de 125 francs à 100 francs par hectare.
Le laboureur gagnerait ainsi 130 francs au lieu de 105 francs ;
et l'Administration verserait encore à l'État un revenu de 6 milliards (1).

En outre, par une simple addition de sels propres dans la
confection de l'Engrais français, ce qui en serait le dernier mot,
la destruction des vermines qui infestent les céréales serait assurée (2).

Le prix des vivres secs serait donc, par le fait même, considérablement diminué.

La vigne, préservée de toute maladie par le moyen d'un réac-

(1) Voir *Etudes prophylactiques*, p. 35.
(2) *Ibidem*, p. 19.

tif aussi simple qu'infaillible (1), produirait abondamment ; et le bon marché du vin mettrait cette boisson salutaire à la portée des plus petites bourses.

Si l'intempérie des saisons amenait la rareté des vivres sur un point quelconque, l'Administration Prophylactique puiserait dans ses immenses ressources, achèterait des grains dans les régions mieux favorisées, en ferait partout de larges distributions, soit gratuitement, soit au prix ordinaire des bonnes années.

Le vin manquerait-il ? serait-il trouvé trop coûteux ? Notre savant économiste a prévu ce cas. Jetez les yeux sur son ouvrage : vous y lirez la recette du *vin des pauvres*, breuvage hygiénique et du meilleur marché (2).

Le peuple aurait donc toujours une nourriture et une boisson saines et peu coûteuses.

Après les vivres, le logement. La Prophylactique y a pourvu (3) : elle construirait pour le paysan, pour l'ouvrier des maisons salubres.

Ce n'est pas tout. Afin d'attacher l'homme à l'agriculture, l'Administration Prophylactique achèterait (4) des terrains incultes, et augmenterait même l'étendue de notre territoire en endiguant les cours d'eau et les mers. Ces terrains, dont elle préparerait à ses frais la culture par l'Engrais français, elle en donnerait ensuite la jouissance viagère et inaliénable aux pauvres, à raison de 1,050 mètres carrés par individu, superficie strictement calculée pour subvenir à ses besoins.

(Les digues auraient encore ce double avantage, de ménager la commodité de la navigation et du commerce, et de préserver en même temps des inondations.)

Ces distributions, grâce au fond de réserve de l'Administration Prophylactique, pourraient être étendues jusqu'à concurrence de 50 millions d'individus, selon l'accroissement de la population.

Que l'on ne s'effraie pas de ce chiffre. Sans doute, « Il est « probable (5) qu'il ne sera jamais dépassé ; car, d'après les lois « de la nature, l'agglomération étant funeste aux humains, c'est

(1) Voir *Etudes prophylactiques*, p. 20.
(2) *Ibidem*, p. 32.
(3) *Ibidem*, p. 34.
(4) *Ibidem*, p. 36, 38, 39, *passim*.
(5) *Ibidem*, p. 37.

« alors que, pour se soustraire à des maux inévitables, l'émi-
« gration devient une nécessité absolue. » Mais enfin, « son
« territoire étant bien cultivé, la France seule peut nourrir
« 560 millions d'individus (60 millions de plus que la moitié de
« la terre); et, si elle cultivait ses 120 millions d'hectares sur le
« continent et les colonies, elle pourrait nourrir plus que tous
« les habitants du globe (un milliard environ d'individus) ! »

Devant de semblables résultats, l'imagination s'arrête frappée
de stupeur. Elle croirait à un rêve, si les calculs les plus
positifs (1) n'étaient là pour déconcerter le doute le plus
obstiné.

Dès lors, comment pourrait encore exister le paupérisme ?

Par suite d'une famine? mais nous venons de reconnaître
l'impossibilité de ce fléau, grâce aux achats et aux distributions de grains que permettraient les ressources Prophylactiques.....

Par la guerre? mais nous avons vu, dans un chapitre spécial,
les moyens non-seulement d'en réparer les ravages; mais encore
d'en amener l'extinction radicale.....

Par le manque de travail? mais les ouvrages sans nombre
que l'Administration Prophylactique entreprendrait pour le
bien-être du pays, occuperaient des millions de bras, et les
vieillards, les infirmes même seraient assurés (2) d'une occupa-
tion lucrative.

Par la paresse? mais le commencement d'aisance, procuré à
l'homme par l'OEuvre Prophylactique, ne le déciderait-il pas à
imiter les travailleurs, dont il verrait se dessiner peu à peu la
fortune ?.....

Par la maladie? mais le chapitre suivant prouvera non-seulement la rareté relative de ce cas, mais encore la suffisance des
soins et des secours prodigués généralement par la Prophylactique aux malades et, s'il était besoin, à leurs familles.....

Par la vieillesse? mais les rares vieillards qui n'auraient pu
s'acquérir assez de revenu, et qu'il serait impossible de soigner
chez eux, seraient mis à l'abri de la misère dans des maisons
spéciales.....

Par un accroissement de famille trop rapide? mais indépendamment des secours assignés pour ce cas, dans de justes

(1) Voir *Etudes prophylactiques*, p. 38, 39, 43, 44, *passim*.
(2) *Ibidem*, p. 16.

proportions à la mère de famille (1), on verra, au chapitre de l'Instruction, que l'enfant serait bientôt, grâce à la Prophylactique, non plus une charge, mais une ressource pour les parents.....

Par suite, enfin, d'une catastrophe imprévue? mais il n'est rien d'imprévu pour la Prophylactique : elle serait encore là, constatant le sinistre et aidant à en réparer les dommages.....

Affirmons-le donc sans crainte : dès que le monde goûterait les bienfaits inappréciables de l'OEuvre Prophylactique, le paupérisme disparaîtrait sans retour, entraînant avec lui la mendicité, sa fille ; l'aumône, nourrice de la mendicité ; et, disons-le aussi, le Crime, dont il est trop souvent le père et l'instigateur !.....

(1) Voir *Etudes prophylactiques*, p. 49 et 50.

VII

Plus de fléaux morbides : Hygiène

La désinfection durable exerçant son influence préservative sur tous les réceptacles d'immondices, toutes ces émanations putrides, causes des fléaux qui certaines années, déciment l'humanité, ne produiraient plus leurs désastreux effets.

La salubrité des logements, assignés aux classes ouvrières par l'Administration Prophylactique, serait un autre garant non moins efficace contre les épidémies.

Le bon marché du vin mettrait fin aux odieuses falsifications qui, malgré une active surveillance, compromettent chaque jour la santé publique.

Enfin l'abondance des vivres en général, qui faciliterait aux moins aisés une nourriture aussi saine que copieuse, aurait des résultats non moins satisfaisants pour l'hygiène.

On ne saurait prétendre évidemment à ce que ces avantages généraux fissent disparaître radicalement toutes les maladies. Il y en aurait toujours quelques-unes, même de contagieuses. Mais alors la Prophylactique, justifiant sans cesse son beau nom, pourvoirait non-seulement à la guérison des malades, comme on le verra plus bas, mais encore à la préservation, pour les personnes saines, des suites d'un contact dangereux.

Une simple pincée d'un Désinfectant composé par le savant chimiste (1), déposée au fond du vase de nuit, suffit pour annihiler toute fermentation putride des urines dans une chambre à coucher; « et, en cas d'indispositions ou de maladies réelles, on « réduit l'odeur infecte des déjections du malade, etc., aux

(1) Voir *Etudes prophylactiques*, p. 14.

« mêmes conditions. Désormais les contagions ne peuvent se
« multiplier, par la raison que les émanations des substances
« excrémentielles sont anéanties au moment même de l'éva-
« cuation. Ainsi, quels que soient les germes épidémiques (fu-
« nestes à la vie humaine, si leur virus n'est pas neutralisé
« par des agents chimiques), ils ne peuvent prendre leur déve-
« loppement ni dans le typhus, ni dans la peste, ni dans le cho-
« léra-morbus, ni dans la variole, etc., etc.; par ce moyen, toute
« odeur nauséabonde disparaîtra, ainsi que tout germe épidé-
« mique; et ceux qui prodiguent leurs soins aux malheureux
« malades ne seront plus victimes de leur zèle et de leur dé-
« voûment. »

Notre prévoyant philanthrope va plus loin encore. Réfléchis-
sant que « la mortalité des animaux domestiques est la ruine
des cultivateurs et la cause de cruelles privations pour les peuples, » il applique ses utiles découvertes non-seulement à
l'homme, mais aux bestiaux et jusqu'aux végétaux.

Les pages 22 et 23 des *Études prophylactiques* donnent la
composition et le mode d'emploi, pour l'homme et les animaux,
d'une « *lotion préservative* contre les piqûres des insectes dip-
tères (mouches), contre l'inoculation du charbon des insectes
venimeux, et même contre le virus des bêtes enragées. »

Ce réactif, qui ne coûterait, pur, que 20 centimes le litre, pré-
viendrait aussi « toutes sortes d'épizooties. »

Viennent ensuite (1) d'autres recettes infaillibles pour les ar-
bres et les arbustes malades, contre les vermines terrestres, les
larves, les sauterelles, les crapauds et les reptiles; enfin contre
les ravageurs des forêts, au moyen d'une poudre qui jouerait
aussi le rôle d'engrais très-actif.

Tant de sollicitude étonne peut-être. Ce n'est rien cependant
en comparaison des précautions de tout genre que prendrait la
Prophylactique pour la guérison des maladies de l'homme.

Son grand but (intention sublime, s'il en fut jamais!) serait
avant tout (2) d'assurer au malade des soins particuliers au sein
de sa famille.

A cet effet, elle organiserait (3), par circonscription de deux
millions d'individus, un « noyau médical » composé : 1° de docteurs, de chirurgiens et de vétérinaires ; 2° de sages-femmes et

(1) Voir *Etudes prophylactiques*, p. 25.
(2) *Ibid.*, p. 48.
(3) *Ibidem*, p. 47.

de garde-malades (1); 3° de pharmaciens (2). Ces divers corps médicaux comprendraient des maîtres, des aides et des sous-aides.

Des logements confortables et des traitements avantageux leur seraient assignés (3).

L'Administration Prophylactique se chargerait de fournir dans les meilleures conditions (4) les matériels de thérapeutique, de chirurgie et de pharmacie : la préparation des médicaments serait surtout l'objet d'une attention sévère.

Les médecins et les vétérinaires seraient donc rigoureusement responsables (5) des épidémies et des épizooties ; car leur négligence seule serait dès lors la cause de ces fléaux.

Chaque circonscription de deux millions d'individus aurait aussi une maison de santé (6) spéciale pour le traitement des maladies particulières... « On construirait également (7)..... des maisons d'accouchement, où l'on recevrait les femmes devenues mères et dénuées de ressources. » Enfin, en prévision du cas où il deviendrait impossible, pour un motif quelconque, de soigner le malade chez lui, des hôpitaux (8) seraient élevés dans les villes et dans les campagnes.

Ces divers établissements nécessiteraient, on le comprend, un personnel médical assez nombreux. Aussi l'Administration Prophylactique allouerait-elle toutes les sommes nécessaires (9) à la fondation d'écoles où la jeunesse intelligente des deux sexes pourrait suivre fructueusement sa vocation dans les différentes branches de la médecine.

Suivant ses capacités, chaque sujet ferait un certain temps de stage ; et, après avoir passé par les divers degrés de la hiérarchie médicale, serait installé définitivement soit au centre de la circonscription, soit dans les campagnes.

Et que l'on ne croie pas cette dernière position désavantageuse. L'Administration Prophylactique, ne perdant point de vue son but éminemment philanthropique, ne dissimulerait pas

(1) Voir *Etudes prophylactiques*, p. 48.
(2) *Ibid.*, p. 50.
(3) *Ibid.*, p. 47 et au Tableau synoptique.
(4) *Ibid.*, p. 50.
(5) *Ibid.*, p. 49.
(6) *Ibid.*, p. 44.
(7) *Ibid.*, au Tableau synoptique.
(8) *Ibid.*, p. 44.
(9) *Ibid.*, p. 35 et au Tableau synoptique.

sa prédilection pour le médecin des villages. Outre un traitement fort raisonnable (1), elle « lui fournirait une voiture, un cheval « d'attelage pour faire ses visites ordinaires, et un cheval de « selle de premier ordre, afin que, en cas d'accident, le docteur « pût se rendre immédiatement auprès du malade. »

« En un mot (2), les choses seraient calculées avec intelligence « et précision, afin que le corps médical ne manquât absolu- « ment de rien pour porter tous les secours matériels aux ma- « lades, et, de plus, des consolations pour leur relever le moral : « question de laquelle la guérison dépend plus peut-être que de « toute autre, dans certains cas. »

On remarquera sans doute avec surprise que je n'entre ici dans aucun détail de finances. C'est que, ne voulant pas parta- ger l'attention du lecteur, je réserve ces comptes pour le der- nier chapitre. Qu'il suffise à l'impatience de savoir qu'un milliard parerait largement à toutes les dépenses dont on vient de voir les résultats.

La France serait-elle prodigue, de consacrer un neuvième de son revenu à l'hygiène, — à la santé de ses quarante millions d'enfants ?

(1) Voir *Etudes prophylactiques*, p. 47 et au Tableau synoptique.
(2) *Ibidem*, au Tableau synoptique.

VIII

Plus d'ignorance : Instruction

« Pour obtenir (1) une véritable éducation pour l'enfance,
« base absolue de la civilisation du genre humain, il ne faut
« faire aucune distinction entre les deux sexes, en fait d'instruc-
« tion primaire ; car subordonner la femme à l'homme, lors-
« qu'elle a pour mission d'élever celui-ci, c'est lui donner des
« idées d'abaissement déplorable ou de révolte exagérée ; et,
« comme elle influe nécessairement sur ceux qu'elle élève, c'est
« préparer des générations qui ne comprendront jamais ce que
« c'est que le devoir, fils de la vraie justice et de la vraie li-
« berté. »

Partant de ces données, qui sont la conclusion définitive de
longues méditations, l'Administration Prophylactique installerait
« partout où il faudrait (2), en France et aux Colonies, des
« écoles gratuites, pour l'instruction primaire de la classe po-
« pulaire. »

« Les parents (3) seraient tenus d'y envoyer leurs enfants.
« Des voitures attachées au service des écoles iraient chercher
« les enfants le matin, les garçons d'abord, les filles ensuite, et
« les reconduiraient de même le soir, pour éviter tout acci-
« dent et empêcher le vagabondage, premier pas vers la cor-
« ruption. »

« Les instituteurs et les institutrices auraient le même traite-

(1) Voir *Etudes prophylactiques*, p. 46.
(2) *Ibidem*, p. 34.
(3) *Ibidem*, p. 46 et 47, *passim*.

« ment, de 2,000 francs par an; les uns et les autres seraient
« logés et meublés, aux frais de l'Administration Prophylac-
« tique, dans l'école qu'ils dirigeraient et qui aurait un terrain
« de 20,000 mètres de superficie en bonne culture. »

« Ce n'est point du tout par une mesure de luxe ou même
« d'aisance que j'ai fixé cette quantité de terrain; c'est une
« question de nécessité. Si j'attribue à l'instituteur, comme à
« l'institutrice, deux hectares de terrain, c'est que je regarde le
« soin qu'il prendra de sa propriété, comme une école d'agri-
« culture pour les enfants qu'il élève. A la fois fermier et insti-
« tuteur, il habituera le petit monde qu'il surveille à contempler
« les phénomènes de la végétation et à assister aux opérations
« agricoles; il aidera même les plus pauvres par quelques dons
« en nature ou en argent, ce qui lui serait impossible si ses ap-
« pointements ne lui permettaient pas de tenir quelque somme
« en réserve, somme dont il sera remboursé par l'Administra-
« tion, s'il la dépense, mais qui doit être disponible, momenta-
« nément, pour les cas graves.

« En outre, l'instituteur sera tenu de faire un rapport immé-
« diat au médecin sur tel ou tel enfant nécessiteux, pour que
« l'Administration Prophylactique remédie sans délai à tout ce
« que l'enfant pourrait souffrir. »

« Traités comme je l'entends, l'instituteur et l'institutrice sor-
« tiront de la malheureuse condition où ils languissent, n'ayant
« pour ressources que l'hôpital ou la mendicité. N'est-il pas
« odieux de voir cette main, qui a tenu le livre dans lequel la
« jeunesse est venue puiser les premiers éléments du savoir, se
« tendre pour demander un morceau de pain? Souffrir un tel
« état de choses, c'est avilir à la fois l'individu et la fonction, et
« aucune question ne saurait attirer plus fortement l'attention
« de l'Administration Prophylactique. »

« Pour arriver à fournir à l'instruction universelle et profes-
« sionnelle, suivant les moyens intellectuels et la vocation de
« chaque individu, l'Administration Prophylactique se charge-
« rait des enfants, dès l'âge le plus tendre; les familles pauvres
« seraient invitées, dans un intérêt qu'elles apprécieraient sûre-
« ment bientôt, à laisser prendre leurs enfants chaque matin,
« comme il est dit plus haut. Ces enfants seraient placés sous la
« surveillance d'instituteurs et d'institutrices exercés, qui régle-
« raient leurs leçons de manière à les fatiguer le moins possible;
« indépendamment des leçons concernant l'instruction primaire,
« tous, indistinctement, filles et garçons, apprendraient comme

« distraction un état qui les mettrait à même de gagner honora-
« blement leur vie plus tard.

« Comme les enfants mâles doivent, avant tout, appartenir à
« la nation, ils recevraient en même temps une éducation mili-
« taire; elle serait donnée par des instructeurs retraités et pen-
« sionnés par l'Administration Prophylactique. »

« L'Administration Prophylactique se chargera entièrement
« des enfants qui seraient dans un dénûment absolu; elle leur
« donnera la nourriture, le logement et les vêtements; en un
« mot, les soins les plus paternels. »

« En supposant qu'il se trouve 4 millions d'enfants dans un
« dénûment absolu, on disposerait de 2 à 3 milliards par an
« (jusqu'à l'extinction complète du paupérisme), en raison des
« sommes qu'on pourrait réaliser.

« Ainsi l'Administration Prophylactique prendrait les enfants
« pauvres sous sa protection, et ceux-ci ne seraient plus à la
« charge de leurs parents, ni abandonnés à eux-mêmes, vivant
« dans une oisiveté déplorable qui les conduit au vagabondage;
« ils seraient au contraire protégés par des guides éclairés, et
« appartiendraient à la grande famille de l'humanité; en un
« mot, ils seraient dignes à tous égards de porter plus tard no-
« blement le titre d'hommes. »

« Quant aux sujets doués d'une grande intelligence (1), l'Ad-
« ministration Prophylactique se chargerait de leur éducation
« complète, au cas où les familles manqueraient de res-
« sources. »

« En outre, l'Administration Prophylactique, telle que je dé-
« sire l'instituer, subventionnerait le nombre voulu, pour une
« circonscription donnée, d'ingénieurs, d'instituteurs et d'insti-
« tutrices, un journal, une imprimerie scientifico-agricole et in-
« dustrielle, etc. »

« L'enseignement primaire serait placé sous la surveillance
« du corps médical, pour juger et diriger physiologiquement les
« inclinations de ces petits sujets, si dignes d'intérêt; car, c'est
« de la manière dont l'enfance est dirigée que dépend l'heureux
« développement physique et moral de chaque créature.

« Pour les études particulières que nécessiterait cette branche
« de la médecine, il serait alloué une somme de 1 million de
« francs pendant vingt-cinq ans, somme égale à 25 millions pour
« les primes d'encouragement; après ce laps de temps, il serait

(1) Voir *Etudes prophylactiques*, p. 35.

« maintenu une somme de 50,000 francs par an et perpétuelle-
« ment, pour la description de nouvelles observations perfec-
« tionnées sur la physiologie de l'homme.

« Ces ouvrages seraient distribués aux instituteurs et aux ins-
« titutrices, qui seraient tenus de suivre des cours de médecine
« appropriés à leurs fonctions respectives, afin qu'ils pussent
« apprécier sûrement les qualités intellectuelles des enfants con-
« fiés à leurs soins. »

« L'Administration prophylactique se manquerait à elle-
« même (1), si elle ne perpétuait la mémoire de l'immense ser-
« vice rendu à l'humanité par la science nouvelle. A cet effet,
« elle édifierait un bâtiment monumental, véritable palais de la
« science, à elle consacré, comme le Musée du Louvre l'est aux
« arts. Ce ne serait point exclusivement une Ecole normale, ni
« une Ecole polytechnique, ni un Prytanée pour les savants
« sans fortune ; cette fondation participerait de ces trois carac-
« tères, puisqu'elle accueillerait gratuitement des hommes qui
« ont déjà donné des preuves de leur capacité, tout en recueil-
« lant aussi ceux qui ont un nom distingué, mais auxquels le
« hasard des circonstances n'a pas été favorable, et qui sont
« parfois menacés des plus dures privations dans leur vieillesse.

« La Société des Gens de lettres s'occupe, bien qu'imparfai-
« tement encore, des lettrés; c'est à la science prophylactique à
« s'occuper des savants. Ceux qui sont mariés pourraient vivre
« en famille dans le Palais de la science; ceux qui sont céliba-
« taires trouveraient là les soins précieux qu'ils sont inaptes à
« se donner à eux-mêmes; et, comme l'édifice renfermerait des
« laboratoires et des instruments de tout genre, outre une im-
« primerie qui serait mise gratuitement à la disposition des pen-
« sionnaires, les travaux scientifiques prendraient un nouvel
« éclat, surtout lorsqu'un journal spécial aurait été créé pour
« développer les théories nouvelles ou pour signaler les appli-
« cations de la science à l'industrie.

« De la sorte, l'État aurait sous la main une pépinière de
« savants qu'il pourrait choisir pour leur confier des missions
« particulières, lorsqu'une question aurait besoin d'être étudiée
« avec profondeur dans des lieux spéciaux; et, en même temps,
« sous la simple impulsion de l'initiative individuelle, du génie
« particulier, telle personne bien douée, n'étant pas entravée
« par les embarras de la vie matérielle, arriverait, comme La-

(1) Voir *Etudes prophylactiques*, p. 51, 52 et 53.

« place, qui est sorti de la chaumière d'un paysan, au sommet
« de la science. Mais tous n'ont pas le même bonheur; c'est à la
« science prophylactique à le leur procurer.

« L'édifice pourrait contenir deux mille savants au moins. Les
« fonds nécessaires à son fonctionnement seraient fournis par
« les 250 millions qui seraient prélevés sur les dépenses d'uti-
« lité publique; ils seraient constitués en fonds inamovibles, re-
« présentés par une rente de 12,250,000 fr., qui suffiraient
« assurément; mais en cas de supplément de dépenses, on y
« pourvoirait au moyen du fonds d'utilité publique dont il est
« parlé au *Tableau synoptique* » (voir le dernier chapitre).

« Sur ces 12,250,000 fr., une prime annuelle de 250,000 fr.
« serait donnée à la Société des Sciences industrielles, dont je
« suis membre titulaire, pour qu'elle pût vivre en se dévelop-
« pant par les encouragements et les récompenses qu'elle dé-
« cernerait aux sciences agricoles et aux diverses branches d'in-
« dustrie qui sont appelées à faire le bonheur des nations.

« Outre de telles fondations, l'Administration Prophylactique
« rendrait encore un autre service à l'humanité, celui d'instituer
« un stimulant intellectuel pour exciter la bonté du cœur chez
« l'homme, par des lectures salutaires qui pussent élever son
« âme vers le Créateur, pendant qu'il travaille à la terre ou dans
« les ateliers. Aussi, chaque année, elle décernerait 32 primes
« aux auteurs de tous les pays, hommes et femmes, qui auraient
« composé les meilleurs livres de morale, sans préjugés ni su-
« perstitions. »

« Ces ouvrages auraient pour but de moraliser le peuple des
« campagnes, et de l'éclairer sur les devoirs qu'il doit remplir
« envers lui-même et envers la société.

« On conçoit donc que, pour les composer, il faille une grande
« tranquillité d'esprit et une assurance contre les soucis maté-
« riels. Il ne suffit pas d'offrir une somme à un auteur pour im-
« primer un livre, il faut lui donner auparavant les moyens de
« préparer une œuvre dont la portée morale rend l'achèvement
« plus difficile. Quand le corps souffre de privations, l'intelli-
« gence ne peut avoir son fonctionnement normal. Or, c'est ici que
« l'Administration Prophylactique démontre rigoureusement son
« utilité, puisque le palais de la science offre aux savants, aux
« moralistes, aux philosophes amis de l'humanité, une retraite
« calme où ils peuvent méditer paisiblement la composition de
« livres destinés à avoir une influence incessante. »

« Ces ouvrages seraient imprimés aux frais de l'Administration

« Prophylactique, et donnés gratuitement aux personnes pau-
« vres ; les personnes peu aisées les payeraient au prix de re-
« vient ; les personnes aisées, 50 centimes en plus, pour équili-
« brer les dépenses ; et les riches, 1 franc.

« Ces sommes seraient remises à l'auteur, à titre de juste rétri-
« bution pour avoir travaillé en vue du bien public.

« Il en serait de même pour le taux et le concours des primes,
« ainsi que pour le meilleur mode d'enseignement à donner à
« l'enfance et à l'adolescence. »

Qu'on me pardonne ces longues citations. Ma prétention n'est
pas de composer un ouvrage original, mais d'exposer avec netteté et précision la belle œuvre qui justifie si bien son nom de
Prophylactique. Ces deux qualités se trouvaient réunies au plus
haut degré dans le livre du savant économiste : on ne pourra
que me savoir gré d'avoir voulu que le public en profitât, pour
apprendre dans quelles conditions avantageuses, grâce à la Prophylactique, l'ignorance ferait place à l'instruction.

Qu'il en soit de même pour les extraits suivants du journal
belge *le Progrès* (6ᵉ supplément, nᵒ 29) : ils montrent comment,
en Belgique, on apprécie tous ces projets humanitaires.

« *Aux Gouvernants de tous les pays, aux Administrations des*
« *villes et des villages, aux Assistances publiques, aux Méde-*
« *cins, aux Instituteurs, aux Amis de l'humanité.*

« Parmi les philanthropes que Dieu accorde parfois au monde,
« et qui vouent leur existence au bonheur public, il n'en est
« point qui aient autant de titres à la gratitude de la famille en-
« seignante que le célèbre chimiste Rudolph Turecki. Aucun
« philosophe, aucun savant ne s'est au même degré préoccupé,
« toute sa vie, de la mission de l'instituteur et des moyens de la
« rendre féconde. Quarante années d'études, d'expériences, de
« combinaisons de toutes sortes, ont à peine suffi pour l'élabo-
« ration du vaste système qui embrasse à la fois l'éducation, la
« santé, le bien-être de tous les peuples, et en particulier du
« grand peuple de France. »

« Rudolph Turecki a résumé, dans quelques tableaux et un
« volume in-4º, les précieuses découvertes que lui doit la science,
« les résultats des recherches et des travaux d'un demi-siècle
« pour assainir et fertiliser la terre, pour *donner à la créature le*
« *total des biens dont elle peut jouir ici-bas....* »

« La grande âme de Turecki n'a pas seulement recherché les
« moyens de faire rentrer le genre humain dans l'Eden perdu par
« soixante siècles d'ignorance et d'erreur ; elle a voulu prouver

« au monde cette vérité dès longtemps entrevue par les sages, et
« proclamée en dernier lieu par l'immortel Franklin : « Le culte
« le plus agréable à Dieu consiste à travailler au bonheur des
« autres hommes. »

« Particulièrement préoccupé de la culture morale et intellec-
« tuelle de l'enfance, qu'il considère avec raison comme récla-
« mant la principale place dans la sollicitude des philosophes,
« notre auteur n'a jamais perdu de vue même le moindre détail
« de la vie pratique. Ainsi, après avoir tout prévu, tout combiné
« pour le bonheur présent et futur des enfants, il a voulu fournir
« aux pères et aux mères des témoignages multipliés d'inces-
« sante sympathie. Il a élevé la femme à la position où doivent
« la maintenir les respects de l'adolescent et la reconnaissance
« du vieillard. L'épouse, la mère de famille, sera désormais
« pour tout ce qui respire, l'image vivante de la bonté divine. Au
« berceau de son fils, au chevet de son père ou de son époux, la
« sainte compagne de l'homme sera l'ange initiateur aux grandes
« vertus, aux nobles sacrifices, aux dévoûments surhumains.
« La jeune fille, consolation des affligés, soutien des faibles,
« espoir de la famille, se préparera, sous l'œil de sa mère, au
« rôle élevé qu'elle remplira un jour...

« Les soins donnés à l'intelligence, au cœur, à l'âme, mérite-
« raient à notre ami la gratitude éternelle de la postérité ; et
« pourtant le vaste travail entrepris pour la culture morale de
« ses semblables ne suffit pas à l'ardente passion qui fait de
« Rudolph Turecki un philanthrope exceptionnel. Après la vie
« de l'esprit, la vie du corps a été l'objet des études les plus
« ardues, des investigations les plus profondes du savant chi-
« miste. Hygiène, alimentation, logement, médecine préventive
« et curative, tout a été examiné, découvert, perfectionné par
« l'infatigable écrivain ; tout, jusqu'à la préparation de mets
« succulents, jusqu'à la composition de boissons économiques
« et fortifiantes sans cesser d'être salutaires.

« Mais terminons ici, de crainte d'effaroucher la modestie du
« *Bienfaiteur* ; de crainte d'enlever un lecteur à son œuvre,
« dont pourront s'enorgueillir jusqu'à la fin des siècles la Po-
« logne qui l'inspira, et la France qui en facilita la publi-
« cation !... »

IX

Conclusion

Toutes ces mesures d'amélioration, pour l'instruction, l'hygiène et l'aisance publiques, impliquent forcément l'idée de frais énormes. Il me reste à prouver que ces dépenses ne dépasseraient pas les 9 milliards de revenu fournis à l'Etat par l'Administration Prophylactique.

Suivant les calculs mûris du savant économiste (1), il y aurait pour toute la France et les colonies 20,000 docteurs, 20,000 sages-femmes, 2,000 pharmaciens, 8,000 vétérinaires, 250,000 garde-malades, 40,000 instituteurs, 40,000 institutrices ; enfin, 20,000 allocations de pensions aux fonctionnaires hors de service, aux veuves et aux orphelins.

Ce nombreux personnel et ces pensions coûteraient à l'Etat, au maximum. . . . . 700 millions ;
Ajoutons, pour le matériel thérapeutique . . 500 millions ;
Pour venir en aide aux enfants pauvres . . . . 2 milliards 800 millions ;
Enfin, pour les travaux et dépenses d'utilité publique. . . . } 5 milliards

Nous arrivons juste au total de 9 milliards de francs.

« L'auteur ne se dissimule pas que ce système, élaboré à un
« point de vue essentiellement dégagé de toutes considérations
« relatives aux régimes administratifs des diverses nations, peut
« être considéré comme une utopie jusqu'à ce que la transfor-
« mation pacifique dont il est le principe soit opérée.

(1) Voir *Etudes prophylactiques*, au Tableau synoptique.

« Mais de l'absolu, il est facile de déduire le relatif ; et l'*appli-*
« *cation partielle de ce système*, combinée avec l'état actuel des
« choses, donnera facilement, dès à présent, des résultats qui
« affirmeront, avec l'éloquence des faits la théorie universelle
« dont on vient de voir le développement. »

Oui, pour notre France aujourd'hui si malheureuse, et par
suite pour l'humanité entière, une ère de bonheur peut avoir
bientôt son aurore, aux premières lueurs du soleil de délivrance !
Mais, ce qu'il faut avant tout, c'est cette délivrance de l'étreinte
de l'étranger. Nous la voulons tous : veuillons-en aussi les
moyens.

Et quel moyen plus sûr et moins onéreux que la mise en
vigueur d'un décret assurant à la République d'immenses ressources financières, une armée invincible, la réparation des
maux causés par la guerre, enfin, dans un prochain avenir,
l'abolition des impôts, gage de la prospérité générale ?

Que personne ne recule donc devant quelques sacrifices mo-
mentanés. Le temps des hésitations n'est plus : point de demi-
mesures ! point de demi-moyens ! surtout plus de routine ! mais
du dévoûment : là est le salut !.....

Ainsi, courage et confiance ! Fils des Républicains de 92,
combattant comme eux pour une cause juste et sainte, faisons
triompher comme eux la devise de l'honneur : *Vaincre ou mourir!*
le cri de la liberté : *Vive la République !*

TABLEAU SYNOPTIQUE ET DEVIS

POUR LA VILLE DE PARIS SEULE

De la Fabrication de l'Engrais, dit Français, formé des matières excrémentielles désinfectées, dépassant en richesse tous les Engrais connus, y compris le Guano ; ayant, en outre, la propriété de prévenir et détruire les insectes vermineux des végétaux.

CRÉDIT.	DÉPENSE (3)	FABRICATION D'ENGRAIS		PRIX DE REVIENT le mètre cube, à raison de 130 fr. tous frais compris.	FUMURE à raison d'un demi-mètre cube d'engrais PAR HECTARE.	PRODUIT DE LA VENTE DE L'ENGRAIS à raison de 230 fr. (4) le mètre cube.	BÉNÉFICE NET.
		MÈTRES CUBES					
		Par jour.	Par an.				
1	2	3		4	5	6	7
fr.	fr.	fr.	fr.	fr.	fr.	fr.	fr.
1re Année . . . 300,000,000 (1)	200,000,000	»	»	»	»	»	»
2e Année . . . 250,000,000	»	»	»	»	»	»	»
3e Année . . . 250,000,000	»	16,700	5,000,000	»	»	»	»
4e Année . . . 200,000,000 (2)	»	16,700	5,000,000	650,000,000	10,000,000	1,250,000,000	600,000,000
5e Année . . . »	»	16,700	5,000,000	650,000,000	10,000,000	1,250,000,000	600,000,000
6e Année . . . »	»	16,700	5,000,000	650,000,000	10,000,000	1,250,000,000	600,000,000
7e Année . . . »	»	16,700	5,000,000	650,000,000	10,000,000	1,250,000,000	600,000,000
8e Année . . . »	»	16,700	5,000,000	650,000,000	10,000,000	1,250,000,000	600,000,000
9e Année . . . »	»	16.700	5,000,000	650,000,000	10,000,000	1,250,000,000	600,000,000
10e Année . . . »	»	16,700	5,000,000	650,000,000	10,000,000	1,250,000,000	600,000,000
TOTAUX . . . 1,000,000,000	»	»	40,000,000	4,550,000,000	70,000,000	8,750,000,000	4,200,000,000 (5)

NOTES EXPLICATIVES

(1) Je compte 100,000,000 de francs pour les faux frais, les dépenses imprévues, pendant les quatre premières années.

(2) Dans les diverses combinaisons, j'ai eu soin de tenir compte de tous les cas imprévus, accidents et empêchements de toute nature. Il pourrait donc se faire, ce qui est même probable, que l'on obtînt immédiatement, c'est-à-dire vers la fin de la deuxième année, des bénéfices notables. Mais, voulant donner à tous les intéressés toutes les chances certaines de succès, j'établis que les trois premières années devront être entièrement consacrées à l'organisation de ce rouage productif, et que ce n'est qu'à partir de la quatrième année que l'on doit compter tout à fait sur un résultat positif.

(3) Achat de terrain..... 100 hectares ; installation de l'usine, etc., en bloc, à raison de 200 fr. le mètre superficiel = 2,000,000 de fr. l'hectare, ou 200,000,000 de fr. les 100 hectares.

(4) Le *guano* du Pérou coûte, d'après l'avis publié le 8 octobre 1869 dans le *Journal officiel*, 325 fr. la tonne (la tonne ou le mètre cube = 4,000 kilogr.). C'est toujours la même mesure qui doit être dans la pensée de l'acheteur. Il est donc bien évident que le *guano* est de 75 fr. plus cher que mon engrais, qui contient le double d'éléments fertilisants et dont la durée est inépuisable, puisqu'il ne peut finir qu'avec le genre humain.

(5) Il ne faut pas perdre de vue que cette somme provient exclusivement des opérations exercées sur les matières excrémentielles de la seule ville de Paris. Le raisonnement le plus simple prouve quel surcroît de bénéfices produirait le même travail étendu à toutes les villes de France et des colonies. On peut donc affirmer qu'avant même la fin de la dixième année, toutes les difficultés seraient vaincues, toutes les avances, tous les emprunts seraient remboursés avec de tels avantages que, malgré la suppression des impôts, les résultats pour l'État et les particuliers seraient encore incommensurables, et permettraient l'exécution de toutes les salutaires mesures d'économie sociale développées dans cet opuscule.
— On s'étonnera peut-être de ne trouver ici que 60 fr. de bénéfice par hectare au lieu des 75 annoncés plus haut, dans le corps de l'ouvrage. En effet, les 5 millions de mètres cubes ou les 10 millions d'hectares sur lesquels nous opérons ici devraient produire annuellement un bénéfice net, non pas de 600 millions, mais de 750 millions. Mais, si l'on se rappelle que, pour obtenir ces 75 fr. de bénéfice net par hectare, nous avons dit que la fabrication

et la vente de l'Engrais-Français devait s'exercer *en grand, sur un pied général*, par toute la France et les colonies, et non pas seulement à Paris ; sur 120 millions d'hectares et non pas seulement sur 10 millions, on comprendra facilement, pour peu que l'on ait de connaissances industrielles et commerciales, que cette différence relativement légère n'implique nullement contradiction.

NOTA. — Nous opérons pour Paris seul, annuellement, sur 5 millions de mètres cubes, c'est-à-dire sur 10 millions d'hectares. Or, ces terrains étant divisés * à raison de 4 millions d'hectares pour le blé, 4 pour les prairies, et 2 pour la vigne, le rapport moyen ** en serait : 1º en blé, de 9 milliards de fr. ; 2º en viande, de 12 milliards ; 3º en vin, de 2 milliards 400 millions ; 4º en paille, de 4 milliards ; 5º en fumier, de 2 milliards 400 millions. Cela donnerait donc, par an, 29 milliards 800 millions, et, pour dix ans, 298 milliards, somme brute dont la rotation se ferait à l'intérieur de la France. — En déduisant, pour la semence et pour la consommation française et coloniale, à raison de 800 grammes de pain, de 250 gr. de viande et d'un demi-litre de vin en moyenne par tête et par jour, il resterait encore : 1º en blé, une valeur de 7 milliards 425 millions ; 2º en viande, 8 milliards 350 millions ; 3º en vin, 1 milliard 670 millions ; soit, en tout : 17 milliards 445 millions de francs. Ainsi, en dix ans, indépendamment des 4 milliards 200 millions de fr. réalisés au profit de l'État par la Société nationale de l'Engrais Français, l'exportation de l'excédant de ces denrées alimentaires, mettrait en circulation sur notre marché un supplément de 171 milliards 450 millions. — Des preuves aussi mathématiques du prodigieux accroissement que prendrait notre richesse territoriale par la seule culture de 10 millions d'hectares, c'est-à-dire du douzième de notre territoire cultivable, avec l'Engrais extrait des matières excrémentielles de la seule ville de Paris, de telles preuves sont incontestablement la réfutation la plus victorieuse de toutes les objections possibles contre les suites de l'emprunt proposé dans cet ouvrage, et, en même temps, la confirmation la plus positive de tout ce que nous avons exposé pour la réparation des maux de la guerre et le bonheur futur de la France par la Prophylactique.

* Voir *Études prophylactiques*, p. 71. — ** *Ibid.*, p. 78.

ARRÊTÉ

Le sénateur préfet, etc.;

Vu : 1° Le rapport de l'ingénieur en chef des eaux et des égouts, relatif à l'emploi du sulfate de fer pour la désinfection préventive des appareils de fosses mobiles ;

2° Les propositions du directeur du service municipal des travaux publics ;

3° La loi des 16-24 août 1790 ;

4° Les ordonnances de police des 23 octobre 1850 et 29 novembre 1854 ;

5° Le décret du 10 octobre 1859 ;

Arrête :

Art. 1er. — A l'avenir, les entrepreneurs des vidanges seront tenus d'opérer la désinfection des tonneaux de fosses mobiles, avant de les mettre en service. Ils emploieront à cet effet le sulfate de fer ordinaire en cristaux dans la proportion de cinq kilogrammes par mètre cube de capacité du récipient à désinfecter.

Art. 2. — Cette opération sera faite, soit au dépotoir de la Villette, soit à la voirie de Bondy, après le dépotage et le lavage des appareils, et avant leur sortie, sous la surveillance des agents de la ville. Les tonnes et leur contenu seront, en outre, contrôlés par les agents des vidanges, au moment de l'installation des appareils dans les maisons.

Art. 3. — Les contraventions aux prescriptions qui précèdent seront constatées par rapports ou procès-verbaux et poursuivies par les voies de droit.

Art. 4. — Le présent arrêté sera exécutoire quinze jours après la notification aux entrepreneurs intéressés.

Art. 5. — Le directeur du service municipal des travaux publics est chargé d'assurer l'exécution du présent arrêté.

Fait à Paris, le 14 juin 1864.

Le sénateur, préfet de la Seine,

Signé : G.-E. HAUSSMANN.

LETTRE

DE M. RUDOLPH TURECKI A L'AUTEUR

CHER COMMENTATEUR,

Après avoir lu votre opuscule sur mes *Etudes prophylactiques*, je dois vous dire combien je suis heureux de reconnaître
que vous ayez si bien vulgarisé les voies et moyens à suivre pour
améliorer le sort des masses. Ce qui me rend heureux encore,
c'est de voir une jeune intelligence saisir aussi rigoureusement
les rouages du mécanisme social que j'ai construit. Mais ce qui
me comble de joie surtout, c'est que vos réflexions sur mes travaux me font entrevoir que les hommes de bonne volonté sau-
ront grouper leurs efforts et les diriger vers l'application de mon.
système, seul remède aux maux qui affligent les peuples en général et le peuple français en particulier.

La volonté opiniâtre, inébranlable, de travailler au bien des
hommes, en même temps qu'elle m'a fait connaître la multipli-
cité des besoins généraux avec les moyens d'y satisfaire, m'a
aussi, hélas! révélé les difficultés que j'aurais à vaincre. Ces difficultés, je les ai rencontrées à tous les degrés de l'échelle sociale. C'est le pouvoir d'abord, qui ne prête guère le secours de
sa puissance que pour les seules choses qui puissent devenir
dans ses mains un instrument de règne; ce sont ensuite les pri-
vilégiés de la fortune, dont un trop grand nombre repoussent sys-
tématiquement tout ce qui tendrait à amoindrir leur suprématie
sur la classe laborieuse; c'est enfin la classe laborieuse elle-
même, qu'une coupable indolence d'esprit rend trop souvent
sourde aux conseils les plus utiles, les plus désintéressés, et
semble destinée à rester longtemps encore la dupe des habiles et
des exploiteurs !

Que veut-on cependant? quelles sont donc les aspirations contemporaines? N'ont-elles pas, surtout chez les esprits éclairés, la République pour but suprême, et, pour moyen, la réalisation de la devise républicaine : *Liberté, Egalité, Fraternité?* Or, est-ce la forme politique qui, seule, aura le pouvoir de guérir les plaies sociales? Une triste expérience nous a prouvé que non.... Mais qu'à cette forme politique on adjoigne le concours de la Prophylactique : de cette union régénératrice sortira un monde nouveau.

La Prophylactique, en effet, en assurant à chacun le patrimoine indispensable, réalise l'Egalité, d'où la Liberté : car, dès que je suis égal à autrui, je ne crains plus la domination d'autrui, je suis libre. La réalisation de ces deux termes fonde du même coup *le droit de chacun et de tous, le droit reconnu en soi et en autrui,* c'est-à-dire *le principe générateur de toute justice, la base fondamentale de toute morale...* Reste le troisième terme, la Fraternité, qui, ne pouvant faire l'objet d'une réglementation, sera l'affaire de l'éducation et des mœurs du pays, lesquelles, vous le savez, sont éminemment sauvegardées par la Prophylactique.

D'autre part, la Prophylactique réalisant le principe de la justice, faisant disparaître les causes d'antagonisme, qui dévorent les sociétés modernes, améliorant l'état physique des populations des villes et des campagnes, relevant le niveau intellectuel et moral des masses, tout cela, non pas entrevu à travers les nuages de la métaphysique, mais réfléchi, mûri et présenté avec la clarté et la précision d'un théorème géométrique, la Prophylactique, dis-je, faisant entrer ces biens inappréciables dans le domaine des faits, trouvez quelqu'un qui puisse me convaincre d'erreur, et qui, mieux que moi, puisse faire face aux questions qui se dressent devant nous menaçantes....

Si Napoléon III avait été quelque peu philosophe, économiste et politique, s'il avait été convaincu et sincère, lorsque naguère il me disait que mes travaux l'intéressaient beaucoup au point de vue de l'utilité publique, il ne serait pas aujourd'hui prisonnier, la France ne serait ni envahie, ni épuisée, et le Peuple français n'aurait pas divorcé aussi vite, aussi irrévocablement, avec l'ex-empereur, sa dynastie, et le nombreux entourage de pervers et d'incapables, échelonnés sur les degrés du trône impérial.

Les républicains voudront-ils examiner les études Prophylactiques avec plus de soin que ne l'a fait l'ex-empereur, quoiqu'il reconnût alors qu'elles pouvaient faire le bonheur du peuple?

Le doute me serait permis, si je n'en jugeais par l'accueil sympa-
tique qui m'a été fait dans les réunions publiques. A qui devais-
je, en effet, m'adresser pour faire prévaloir mes idées, si ce n'est
à ceux qui sont intéressés à leur mise en pratique ? Comment le
peuple français, devenu aujourd'hui l'artisan de ses propres destinées, ne saisirait-il pas avec empressement la main paternelle
que je lui tends? Et puisqu'il souffre et crie misère, pourquoi
dédaignerait-il le remède à ses maux ? Pourquoi se rendrait-il
coupable d'indifférence envers lui-même, envers l'humanité ?

Mais, quand même mes efforts seraient encore méconnus, rien
ne me détournerait de mes études philanthropiques ; je conti-
nuerais ma vie d'abnégation et de sacrifices ; je persisterais à
vouloir le bien des hommes malgré les hommes, peu soucieux
qu'ils oubliassent mon nom ou qu'ils l'inscrivissent parmi ceux
des bienfaiteurs de l'humanité. D'ailleurs, une voix amie vient
de donner du courage à mon cœur. Votre livre, cher commentateur, si habilement conçu, si nettement écrit, qui sera l'honneur de votre plume et le gage du succès de mes travaux, sera
aussi un présage heureux pour l'avenir de l'humanité.

Peut-être n'avez-vous pas suffisamment insisté sur les *rôles
respectifs du gouvernement et de l'administration Prophylactique*.
Le gouvernement doit être dégagé de toutes les préoccupations
qui sont plutôt d'ordre administratif et domestique, que du domaine gouvernemental : il doit simplement être l'âme incorrup-
tible de la justice distributive à l'intérieur, et un esprit inébranlable d'énergie et de conciliation à l'extérieur. L'Administration
Prophylactique, dont les attributions seront si multiples, si immenses, devra avoir pour directeur un homme supérieur, une
sorte de génie transcendant, qui puisse dompter et transformer
les éléments répandus dans la nature, et les faire servir aux besoins physiques, intellectuels et moraux des populations. Il devra, rivalisant presque avec Dieu même, ou, pour mieux parler,
servant les desseins de Dieu, réaliser une seconde création, en
faisant de rien un tout, et de ce tout une source nouvelle de richesse et de bonheur.

— Mais, me dira-t-on, ce génie, le rêver est une folie ; le trouver, une impossibilité. — Erreur ! deux fois erreur ! Qu'on lise
mes *Études Prophylactiques ;* elles convaincront, autant que
l'histoire, que les hommes nécessaires à la régénération des sociétés ne sont pas des êtres imaginaires ; elles prouveront qu'ils
existent réellement ; elles vous diront même où il faut les aller
chercher. Certes, le type en a été rare dans tous les temps ; mais,

si caché qu'il soit, dans le silence du cabinet et du laboratoire, ou dans quelque réduit malsain peut-être, il n'est pas introuvable......

Ce que vous avez parfaitement fait ressortir, c'est la manière dont l'Administration Prophylactique pourra venir efficacement en aide aux citoyens ruinés par la guerre actuelle ; c'est comment elle pourra tirer la France de l'état d'épuisement où elle se trouve ; et cela, au moyen d'un emprunt mixte en argent ou en effets, remboursable en dix années ; c'est enfin comment elle parviendra à supprimer les impôts et les octrois, et à assurer l'hygiène et la santé publiques par l'alimentation et les logements confortables à bon marché. Je ne saurais trop vous en remercier.

Pour moi, arrivé au terme de mes travaux, me sera-t-il donné d'en obtenir la mise en œuvre? Le peuple français, convaincu de l'insuffisance de la forme politique et de l'impuissante inanité des vieux errements, éclairé par le malheur et pressé par la nécessité, entrera-t-il sans plus tarder dans la voie sûre tracée par la méthode Prophylactique? Je ne sais..... Mais, si je ne dois pas voir le jour rémunérateur de mes veilles, j'emporterai du moins la certitude que mes idées s'imposeront forcément aux esprits, même les plus rebelles, et s'établiront tôt ou tard, sans secousse, sans violence, dans l'épanouissement de toutes les libertés, dans le respect de tous les droits, sous la sauvegarde de tous les intérêts.

Et maintenant, cher commentateur, qui avez si résolûment accepté les labeurs de l'apostolat, en retour de votre zèle désintéressé, je vous offre mon éternelle gratitude et vous serre fraternellement la main.

> *Dieu sauve la France, ma mère adoptive,*
> *Et ensuite ma patrie, la Pologne!*

RUDOLPH TURECKI.

A

LA CHIRURGIE

TANT CIVILE QUE MILITAIRE

ET A TOUTES LES CLASSES DE LA SOCIÉTÉ

QUI SE DÉVOUENT AU PANSEMENT

ET AU

SOULAGEMENT DES BLESSÉS

———

Décembre 1870

A L'HUMANITÉ ENTIÈRE

En ce moment où la mitraille d'un cruel envahisseur décime nos armées, et fait couler à flots le plus pur du sang français, celui de nos frères qui défendent si vaillamment les droits sacrés de la patrie et de la famille, je ne connais pas de devoir plus saint que celui où doit porter la pensée du dévoûment exercé, au moral comme au physique, au suprême degré de sollicitude pour l'humanité.

Lorsque des hordes barbares sont venues souiller le sol natal de sang et de ruines, tout citoyen, quelles que soient ses facultés intellectuelles et sa constitution physique, a dès lors une noble mission à remplir : celle de contre-balancer par tout le bien dont il est capable les maux causés par le fléau destructeur.

Dieu, en me préservant de toute idée belliqueuse, m'a doué d'un esprit de recherche infatigable pour la conservation et le bonheur de mes semblables. C'est donc au bien-être de tous que j'ai consacré ma vie entière.

Grâce à cet amour ardent pour le prochain, la vie de l'esprit et la vie du corps ont été tour à tour l'objet de mes études les plus ardues. J'ai sondé avec un soin scrupuleux la nature dans ses profondeurs les plus impénétrables. C'est ainsi que je lui ai arraché le secret de la perfection dans les détails de la vie pratique; c'est ainsi que, ne pouvant empêcher la guerre, je suis parvenu à pouvoir en diminuer les horreurs.

Aujourd'hui plus que jamais, ces horreurs, manifestées par les douloureuses blessures de nos héros, absorbent mes préoccupations.

Aussi dès la déclaration de cette guerre, je me suis empressé de porter à la connaissance de l'édilité de la ville de Paris le moyen d'atténuer la douleur et d'accélérer la cicatrisation des plaies par un *agrégat* et une *eau balsamo-antiseptique-vulnéraire* par excellence.

Mais, en raison du nombre considérable des blessés, je soumets à la connaissance de tout le monde, depuis le plus savant jusqu'au moins instruit des mortels, la formule et le mode d'application (simultanément ou séparément) de ces deux agents pour la prompte guérison des blessures.

Je vais donc décrire ci-après, avec le plus de netteté possible, la composition et la manipulation de cet *agrégat* et de cette *eau balsamo-antiseptique.*

Puissé-je être compris et payer par là ma dette à la patrie! car, pendant que d'autres lui tueront des ennemis, je lui sauverai des défenseurs....

Ce désir de concourir au bien public par la science me remplit d'espoir dans le succès de mon œuvre : aussi je la soumets avec confiance à tous ceux dont le dévoûment doit la vivifier et la rendre féconde en bienfaits pour l'humanité.

RUDOLPH TURECKI,

Membre titulaire de la Société des Sciencès industrielles, Arts
et Belles-Lettres de Paris, honoré de deux médailles d'or,
1860 et 1868.

COMPOSITION ET MANIPULATION

DE L'AGRÉGAT

et de l'Eau balsamo - antiseptique - vulnéraire

AGRÉGAT

Sulfate d'alumine, chimiquement pur, à base
   de soude . . . . } en parties égales
Sulfate de fer . . . . } suivant
Sel marin . . . . } la quantité.

Mettre le tout dans de l'eau distillée simple, jusqu'à saturation à une température d'eau bouillante; puis faire bouillir pendant une demi-heure, filtrer ensuite sur triples morceaux de flanelle avec interposition de papier *blanc* à filtrer. Laisser cristalliser à l'air libre, *dans un endroit exempt de poussière et de mauvaise odeur* (PUTRIDE). Il faut leur faire subir à quatre reprises de cristallisation dans de l'eau distillée simple, puis il faut dessécher ces cristaux à une température de 35 à 45° centigrades jusqu'à ce qu'ils soient anhydres, et, par conséquent, pulvérulents. — Alors à cet état de poudre; il faut laver (cette poudre) à deux reprises, à l'alcool de vin, à 85° centigrades. — Et, pour obtenir la dernière des perfections de ce *sel agrégat-antiseptique*, on relave de nouveau, à deux reprises, dans l'alcool extrait des plantes ci-dessous :

Millefeuille fraîche (*millifolium vulgare*). . . . . . 10 kilog.
Millepertuis frais (*hypericum vulgare*) . . . . . . 10 »
Petite sauge (*salvia officinalis*) . . . . 5 »
Romarin frais ou sec (*romarinus officinalis*). . . 5 »
Grand plantain (*plantago major*) . . . . 20 »
Gros vin. . . . . 25 »
Eau bien filtrée, mais de préférence distillée. . . 75 »

Total. . . . . . 150 kilog.

Broyer ces plantes ensemble le mieux possible, faire macérer 48 heures au moins dans de l'eau et du vin (et pour bien faire, quand on a du temps devant soi, la macération doit durer douze à quinze jours au moins), et distiller après au bain-marie jusqu'à ce qu'on ait obtenu 50 litres dans le récipient. Ici, c'est la mesure du liquide qui doit guider l'opération de la distillation, et non le poids.

Cela fait, retirer les plantes du bain-marie, ayant fourni les 50 litres, les mettre dans un sac de laine semblable à ceux dont se servent les fabricants d'huile ; presser jusqu'à siccité complète des plantes ; filtrer parfaitement le liquide ainsi obtenu par la pression, et continuer la distillation, toujours au bain-marie, jusqu'à consistance sirupeuse. — Vous mélangerez le produit de cette dernière distillation avec les 50 litres obtenus précédemment, et c'est dans ce mélange, en raffinant, que vous trouverez l'alcool nécessaire pour relaver l'agrégat salin, dont il a été fait mention ; et c'est en poursuivant la même distillation que vous obtiendrez l'*eau balsamo-antiseptique-vulnéraire* insensiblement alcoolisée, et c'est dans cette eau que les chirurgiens feront dissoudre le *sel agrégat* en quantité raisonnée, suivant que la blessure est plus ou moins sérieuse.

Cette dissolution anti-putride, douée de vertus détersives-vulnéraires très-énergiques, appliquée au moyen de charpie ou compresses sur les plaies ou blessures, procurera la cicatrisation avant que la période de suppuration puisse se produire.

Observation

Un gramme de cet *agrégat*, préparé comme il est dit ci-dessus, accuse visiblement, à l'œil, à l'odorat et au goût, la saturation d'un litre d'eau ordinaire, et c'est de ce résultat que les hommes pratiques doivent se guider dans l'application pour arriver à la guérison des blessures.

En outre, je dois signaler un fait important : c'est que, d'après ma méthode, en appropriant le sulfate de fer à l'usage médical externe, je suis parvenu à le rendre inoffensif pour le linge ; il le tache à peine, et par le lessivage les taches disparaissent sans l'altérer. Cet avantage, joint à celui d'être plus pénétrant dans les parties malades et n'occasionnant aucune douleur, le contraire ayant lieu lorsqu'on l'emploie à l'état naturel, le rend par conséquent plus antiseptique-vulnéraire.

Mais, dans l'application pour soigner les blessures, dans les ambulances ou dans les hôpitaux, etc., il faut donner la préférence, et d'urgence même, à défaut de l'eau distillée des plantes, comme il est dit, à l'eau portée à une forte ébullition, pendant dix ou quinze minutes ; puis la laisser reposer et la filtrer ensuite par un triple papier blanc à filtrer, bien lavé auparavant à plusieurs eaux.

Ces précautions sont indispensables pour l'eau à employer dans les pansements, afin de hâter la guérison des blessures ; car tout le monde sait, et notamment le monde savant, que les eaux même les plus limpides contiennent des matières organiques minérales, végétales, animales et sous toutes les formes, en plus ou moins grande quantité, mais toujours nuisibles à la guérison, excitant et entretenant la suppuration des tissus tégumentaires divisés, graves inconvénients auxquels on ne peut remédier que par l'ébullition et le filtrage.

Voilà pour ce qui concerne l'emploi de l'eau pure.

Mais si on peut opérer le pansement des blessures avec l'*eau balsamique*, composée de plantes choisies attentivement au point de vue patho-physiologique ; oh ! alors, l'art de guérir les blessures sera une vraie science.

Remarque importante

La matière sirupeuse restant dans le bain-marie, après les opérations de distillation, devrait être, pour atteindre plus facilement le but que je me propose, divisée par petits flacons de 50 grammes chacun, lesquels flacons devront être distribués aux soldats, ce qui leur permettra de s'administrer mutuellement les premiers soins en cas de blessures sur le champ de bataille ; car il suffit de jeter la valeur de 2 ou 3 grammes de cet extrait des plantes dans un litre d'eau ordinaire pour obtenir à l'instant une *eau hémostatique*, aussi bonne que possible, pour arrêter l'épanchement du sang, en rétrécissant l'orifice des veines par la contractibilité que cette eau ordinaire saturée exerce sur les fibres, en général, dont la réunion compose les muscles atteints et divisés, et modérer la souffrance jusqu'à l'arrivée à l'ambulance.

Pour toute personne ayant quelques notions des effets produits par les éléments salins qui entrent dans ma préparation, il est évident qu'ils ont une action tellement astringente-minérale, qu'ils suffiraient seuls pour obtenir une très-prompte cicatrisation, et l'on pourrait alors se demander si les éléments végétaux que j'y ajoute ne sont pas superflus.

Non ; ces plantes donnent à l'eau cette onctuosité indispensable qui favorise la suture des chairs, s'oppose à la rancidité des compresses que les autres topiques engendrent, en produisant une irritation inflammatoire rebelle, donnant souvent naissance à la gangrène ou occasionnant la putréfaction des organes endommagés.

Ces éléments végétaux, sans amoindrir la puissance des agents salins minéraux, puisqu'ils ont à un certain degré des propriétés analogues astringentes végétales, ont aussi pour effet, par leurs essences balsamiques, de modérer dans des proportions incroyables, la douleur aiguë qui résulterait de l'unique application des produits minéraux.

Et c'est là qu'est toute la valeur de cette introduction des simples, dont l'usage est trop souvent négligé en pareille circonstance.

Comme on a pu le voir, les éléments qui composent le *Réactif* n° 2 du Tableau Synoptique de mes *Études Prophylactiques* (classées par ordre du Gouvernement dans toutes les bibliothèques de la France et des Colonies), les éléments, alun, sel marin et sulfate de fer, peuvent être appropriés à la composition d'un Agrégat pouvant faire par sa saturation une *Eau Antiseptique*, par excellence, pour prévenir la dégénérescence des tissus des chairs divisées accidentellement. En outre, cette Eau empêche ces tuméfactions inflammatoires qui surviennent aux parties blessées et, par ces propriétés diverses, favorise la cicatrisation agglutinative des blessures ou des opérations chirurgicales, en hâtant l'adhérence des lèvres de ces plaies, et en conservant la lymphe plastique, coagulable à l'état d'*inaltérabilité*, qui s'exsude entre les tissus divisés et tend à s'organiser avec eux à l'état de nature.

Et, c'est par suite d'une expérience, acquise au prix de longues études médicales, que je soumets à tous les chirurgiens les résultats de mes nombreux travaux et les connaissances que j'ai puisées dans la thérapeutique.

Et, pour donner plus de poids à ce que j'avance, je ne citerai que ce que l'immortel professeur Malgaigne disait, dans un de ses cours (auxquels j'assistais assidûment), en montrant les instruments de chirurgie étalés devant lui :

« Messieurs, nous sommes sans doute habiles à manier le
« scalpel; mais nous n'avons rien, absolument rien pour hâter
« la guérison une fois les opérations faites. Voilà pourquoi il
« nous meurt tant d'opérés. Du jour où nous posséderons des
« topiques propres à hâter la guérison des plaies que nous
« sommes forcés de faire dans l'espoir de sauver la vie des mal-
« heureux malades, nous pourrons alors être fiers de notre ha-
« bileté. »

Ces paroles de l'éminent professeur ne sont jamais sorties de ma pensée et m'ont engagé à chercher cet agent antiseptique-agglutino-cicatrisant.

Si je suis entré dans quelques considérations explicatives pathologiques, c'est pour prouver combien j'ai étudié le mécanisme qu'offre un organe à l'état de plaie et quel topique peut lui convenir pour le guérir. Car, en effet, logiquement, on ne peut confier le traitement d'un malade sur la simple proposition d'un remède nouveau, qu'en justifiant, autant que possible, comment et de quelle manière il agit sur le mal et de quelles substances il se compose.

Le fruit de mes veilles est tout d'actualités en ce moment où tant de familles déplorent, avec la mort d'un de leurs membres, l'impuissance de la science.

Ma satisfaction sera grande si, comme je l'espère, j'ai atteint le but que j'ai constamment poursuivi, et si les hommes pratiques sauvent, par l'effet de mes connaissances, si lentement et si péniblement acquises, un plus grand nombre de mes semblables, de ceux surtout qui, pour la défense de la patrie, sont exposés non-seulement à perdre la vie, mais encore à être frappés de ces blessures qui les rendent à charge aux leurs, et dont ils n'ont pas l'espoir d'être jamais guéris.

Je fais donc un appel à tous les cœurs français, au patriotisme inaltérable de ma chère patrie d'adoption, à tous pauvres ou riches, afin que les ingrédients indispensables me soient fournis pour faire une telle quantité de cet Agrégat et de cette Eau, que tout le monde puisse soigner les blessés dès que les chirurgiens auront fait les opérations nécessaires et déterminé le dosage de la dissolution antiseptique.

Puisse ma voix être entendue, mon dévoûment et mes sentiments d'amour pour l'humanité être acceptés de tous. Les veilles ne me coûtent point, mon temps est partagé entre des préoccupations pour le bonheur de mes semblables et la science que je ne cesse d'interroger.

Je ne demande donc que les matières premières, à l'homme des champs la plante parasite qui appauvrit son champ, et au citadin propriétaire ou négociant les produits chimiques du prix le plus modique, et je me mets à l'œuvre. Dussé-je travailler nuit et jour : il y a urgence.

Observation

Je me tiens prêt à répondre à toutes les questions qu'on jugera nécessaire de me poser touchant les topiques et leurs effets salutaires sur les blessures. Mais je me borne seulement à signaler les résultats qu'on doit attendre des agents minéraux, surtout en les purifiant par des sucs végétaux, comme je l'ai démontré plus haut. — En outre, cet Agrégat des sels et cette Eau balsamique, produite par la distillation de plantes choisies avec connaissance de leurs vertus spéciales et de leur influence chimico-médicale, sont des agents agissant d'une manière salutaire et prompte sur le système tégumento-musculaire *à l'état de plaie*. — Ces deux agents sont aussi appelés à jouer un grand rôle, non-seulement comme antiseptiques-traumatiques, si je puis m'exprimer ainsi, mais encore comme auxiliaires antiméphitiques, neutralisant ou éloignant les exhalaisons putrides ; en d'autres termes, annihilant les causes miasmatiques, délétères, qui naissent dans les ambulances par la réunion d'hommes blessés et qui produisent le typhus sous tant de formes variables.

Plusieurs moyens sont proposés pour désinfecter ou même prévenir l'air ambiant des locaux où sont agglomérés des blessés. Pour moi, la question est réduite à sa plus simple expression, et une longue expérience me met à même d'affirmer ce que j'avance.

Il est bien avéré de l'aveu de tous, et spécialement des commissions médicales, qu'une atmosphère purifiée est presque une garantie de guérison, et que, pour combattre l'infection et la propagation des miasmes, il est essentiel d'avoir recours aux fumigations phéniquées et chlorurées, qui, sur certaines organisations, ont un grand inconvénient, celui de fatiguer désagréablement les facultés olfactives et d'engendrer des maux de tête. J'ai, à cet égard, le témoignage d'ouvriers agglomérés dans des ateliers exigus, et principalement dans les imprimeries de journaux.

Eh bien, l'*Agrégat salin* et l'*Eau balsamo-antiseptique* des végétaux portent avec eux cette fumigation assainissante que prescrivent les conseils d'hygiène, qui détruit les gaz délétères et qui annihile les germes morbides disséminés, et absorbe complétement les miasmes charriés par l'atmosphère.

Il y a aussi un procédé plus simple qui consiste à mettre tout simplement dans les quatre coins du local occupé par les malades des pierres de chaux ou de plâtre, en donnant, toutefois, la préférence au plâtre *bien cuit ;* — tout le monde savant sait que ces pierres *bien cuites, je le souligne à dessein,* ont la propriété d'absorber naturellement non-seulement les miasmes, mais encore l'humidité surabondante visqueuse qui est aussi un grand obstacle à la guérison des blessures et engendre souvent la pneumonie.

Mais cela ne diminue en rien les précieux avantages que réunissent mes deux agents traumatiques au double point de vue de la guérison même et de la salubrité proprement dite. Aussi est-ce avec la plus entière confiance que j'en publie la recette, heureux si je puis être utile à l'humanité souffrante par la solution d'une des questions multiples de premier ordre comme *salubrité et hygiène publique.*

RUDOLPH TURECKI,
45, rue de Sèvres.

PARIS.— IMP. VICTOR GOUPY, RUE GARANCIÈRE, 5.